Mensch eine M

Julien Offray de La Mettrie

Writat

Diese Ausgabe erschien im Jahr 2023

ISBN: 9789359255149

Herausgegeben von
Writat
E-Mail: info@writat.com

VORWORT.

Der in diesem Band präsentierte französische Text ist dem einer Leidener Ausgabe von 1748 entnommen, also dem einer Ausgabe, die im Jahr und am Erscheinungsort der Erstausgabe erschien. Das Titelblatt dieser Ausgabe ist im vorliegenden Band wiedergegeben. Das Original war offensichtlich das Werk eines niederländischen Komponisten, der die französische Sprache nicht beherrschte, und ist voller Unvollkommenheiten, Inkonsistenzen und grammatikalischer Fehler. Auf Anweisung des Herausgebers wurden diese offensichtlichen typografischen Fehler von M. Lucien Arréat aus Paris korrigiert.

Die Übersetzung ist die Arbeit mehrerer Hände. Es basiert auf einer Version von Miss Gertrude C. Bussey (aus dem französischen Text in der Ausgabe von J. Assezat) und wurde von Professor MW Calkins überarbeitet, der für die vorliegende Form verantwortlich ist. Mademoiselle M. Carret von der Französischabteilung des Wellesley College und Professor George Santayana von der Harvard University haben wertvolle Hilfe geleistet; und diese Gelegenheit wird genutzt, um ihre Freundlichkeit bei der Lösung der ihnen vorgelegten Interpretationsprobleme zu würdigen. Es sollte hinzugefügt werden, dass die Übersetzung manchmal die Ansprüche der englischen Struktur und des englischen Stils zurückstellt, um die Bedeutung von La Mettrie genau wiederzugeben. Die Absätze des Französischen werden üblicherweise übernommen, die Kursivschrift und die Großbuchstaben werden jedoch nicht wiedergegeben. Die Seitenüberschriften der Übersetzung verweisen auf die Seiten des französischen Textes; und einige von den Übersetzern eingefügte Wörter sind in Klammern eingeschlossen.

Die philosophischen und historischen Anmerkungen sind komprimiert und adaptiert aus einer Masterarbeit über La Mettrie , die Miss Bussey der Fakultät des Wellesley College vorgelegt hat.

DIE LOBREDE FRIEDRICHS DES GROßEN AUF JULIEN OFFRAY DE LA METTRIE.

Julien Offray de la Mettrie wurde am 25. Dezember 1709 in Saint Malo als Sohn von Julien Offray de la Mettrie und Marie Gaudron geboren , die von einem Gewerbe lebten, das groß genug war, um ihrem Sohn eine gute Ausbildung zu ermöglichen. Sie schickten ihn zum Studium der Geisteswissenschaften an das College of Coutance ; er ging von dort nach Paris, zum Kolleg von Plessis; Er studierte seine Rhetorik in Caen, und da er über großes Genie und Fantasie verfügte, gewann er alle Preise für Beredsamkeit. Er war ein geborener Redner und liebte leidenschaftlich Poesie und *Belletristik* , aber sein Vater glaubte, dass er als Geistlicher mehr verdienen würde als als Dichter, und bestimmte ihn für die Kirche. Er schickte ihn im folgenden Jahr an das College von Plessis, wo er Logik bei M. Cordier studierte, der eher ein Jansenist als ein Logiker war.

Es ist charakteristisch für eine leidenschaftliche Einbildungskraft, die ihr präsentierten Gegenstände energisch zu ergreifen, so wie es für die Jugend charakteristisch ist, Vorurteile zugunsten der ersten Meinungen zu haben, die ihr eingeimpft werden. Jeder andere Gelehrte hätte die Meinung seines Lehrers übernommen, aber das reichte dem jungen La Mettrie nicht ; Er wurde Jansenist und schrieb ein Werk, das in dieser Partei großen Anklang fand. 1725 studierte er Naturphilosophie am College of Harcourt und machte dort große Fortschritte. Bei seiner Rückkehr in die Bretagne hatte ihm M. Hunault , ein Arzt aus Saint Malo, geraten, den Arztberuf zu ergreifen. Sie hatten seinen Vater überzeugt und ihm versichert, dass ein mittelmäßiger Arzt für seine Heilmittel besser bezahlt würde als ein guter Priester für Absolutionen. Der junge La Mettrie hatte sich zunächst dem Studium der Anatomie gewidmet: Zwei Jahre lang hatte er am Seziertisch gearbeitet. Danach erlangte er 1725 in Reims den Doktorgrad und wurde dort als Arzt aufgenommen.

1733 ging er nach Leyden, um bei dem berühmten Boerhaave zu studieren . Der Meister war des Gelehrten würdig und der Gelehrte machte sich bald selbst des Meisters würdig. M. La Mettrie widmete die ganze Schärfe seines Geistes der Erkenntnis und Heilung menschlicher Gebrechen; und er wurde bald ein großer Arzt.

Im Jahr 1734 übersetzte er in seiner Freizeit eine Abhandlung des verstorbenen M. Boerhaave , seinen *Aphrodisiacus* , und fügte dieser eine Dissertation über Geschlechtskrankheiten bei, deren Autor er selbst war. Die alten Ärzte in Frankreich erhoben sich gegen einen Gelehrten, der sie beleidigte, weil er genauso viel wusste wie sie. Einer der berühmtesten Ärzte von Paris erwies ihm die Ehre, seine Arbeit zu kritisieren (ein sicherer Beweis dafür, dass sie gut war). La Mettrie antwortete; und um seinen Gegner noch mehr zu verwirren, verfasste er 1736 eine Abhandlung über Schwindel, die von allen unparteiischen Ärzten geschätzt wurde.

Durch eine unglückliche Auswirkung menschlicher Unvollkommenheit ist eine gewisse niedere Eifersucht zu einem der Merkmale von Literaten geworden. Dieses Gefühl spornt diejenigen, die einen guten Ruf haben, dazu an, sich dem Fortschritt aufstrebender Genies zu widersetzen. Diese Seuche greift oft Talente an, ohne sie zu zerstören, aber manchmal schadet sie ihnen auch. M. La Mettrie , der in der wissenschaftlichen Laufbahn rasant Fortschritte machte, litt unter dieser Eifersucht, und sein hitziges Temperament machte ihn zu anfällig dafür.

In Saint Malo übersetzte er die „Aphorismen" von Bocrhaave , die „ Materia Medica ", die „Chemical Proceedings", die „Chemical Theory" und die „Institutionen" desselben Autors. Etwa zur gleichen Zeit veröffentlichte er eine Zusammenfassung von Sydenham. Der junge Arzt hatte durch vorzeitige Erfahrung gelernt, dass es besser sei, zu übersetzen als zu komponieren, wenn er in Frieden leben wollte; aber es ist charakteristisch für das Genie, der Reflexion zu entkommen. Er verließ sich, wenn ich das so sagen darf, allein auf sich selbst und war erfüllt von den Erkenntnissen, die er durch seine unendlich geschickten Naturforschungen gewonnen hatte , und wollte der Öffentlichkeit die nützlichen Entdeckungen mitteilen, die er gemacht hatte. Er veröffentlichte seine Abhandlung über die Pocken, seine „Praktische Medizin" und sechs Bände mit Kommentaren zur Physiologie von Boerhaave . Alle diese Werke erschienen in Paris, obwohl der Autor sie in Saint Malo geschrieben hatte. Er verband mit der Theorie seiner Kunst eine stets erfolgreiche Praxis, die für einen Arzt keine geringe Empfehlung darstellt.

Im Jahr 1742 kam La Mettrie nach Paris, was durch den Tod von M. Hunault , seinem alten Lehrer, dorthin geführt wurde. Morand und Sidobre stellten ihn dem Herzog von Gramont vor , der ihm wenige Tage später den Auftrag als Leibarzt verschaffte. Er begleitete den Herzog in den Krieg und war mit ihm in der Schlacht bei Dettingen , bei der Belagerung von Freiburg und in der Schlacht bei Fontenoy , wo er seinen Gönner verlor, der durch einen Kanonenschuss getötet wurde.

La Mettrie empfand diesen Verlust umso stärker, als er gleichzeitig das Riff war, an dem sein Vermögen zugrunde ging. Das ist, was passiert ist. Während des Freiburger Feldzuges erlitt La Mettrie einen heftigen Fieberanfall. Für einen Philosophen ist eine Krankheit eine Schule der Physiologie; Er glaubte, klar erkennen zu können, dass das Denken nur eine Folge der Organisation der Maschine ist und dass die Störung der Quellen erheblichen Einfluss auf den Teil von uns hat, den die Metaphysiker Seele nennen. Während seiner

Genesung von diesen Ideen erfüllt, trug er kühn die Fackel der Erfahrung in die Nacht der Metaphysik; Er versuchte, mit Hilfe der Anatomie das dünne Gewebe des Verstehens zu erklären, und er fand nur den Mechanismus, wo andere angenommen hatten, dass es sich um ein Wesen handelte, das der Materie überlegen sei. Er ließ seine philosophischen Vermutungen unter dem Titel „Die Naturgeschichte der Seele" drucken. Der Kaplan des Regiments ließ den Sturm gegen ihn ertönen, und auf den ersten Blick schrien alle Gläubigen gegen ihn.

Der gewöhnliche Geistliche ist wie Don Quijote, der in alltäglichen Ereignissen wunderbare Abenteuer erlebte, oder wie der berühmte Soldat, der so sehr in sein System vertieft war, dass er in allen Büchern, die er las, Kolumnen fand. Die Mehrheit der Priester untersucht alle literarischen Werke, als wären es Abhandlungen über die Theologie, und von diesem einen Ziel erfüllt, entdecken sie überall Häresien. Auf diese Tatsache sind sehr viele Fehlurteile und sehr viele zumeist ungerechtfertigte Anschuldigungen gegen die Autoren zurückzuführen. Ein Buch über Physik sollte im Geiste eines Physikers gelesen werden; Die Natur, die Wahrheit, ist ihr alleiniger Richter und sollte sie freisprechen oder verurteilen. Ein Buch über Astronomie sollte auf die gleiche Weise gelesen werden. Wenn ein schlechter Arzt beweist, dass der Schlag mit einem Stock, der geschickt auf den Schädel geschlagen wird, den Geist stört oder dass bei einer gewissen Hitze der Verstand abschweift, muss man entweder das Gegenteil beweisen oder schweigen. Wenn ein geschickter Astronom trotz Josua beweist, dass sich die Erde und alle Himmelskugeln um die Sonne drehen, muss man entweder besser rechnen als er oder zugeben, dass sich die Erde dreht.

Aber die Theologen, die durch ihre ständige Besorgnis die Schwachen glauben lassen könnten, ihre Sache sei schlecht, beunruhigt eine so kleine Angelegenheit nicht. Sie bestanden darauf, in einem Werk über Physik Keime der Häresie zu finden. Der Autor erlitt eine schreckliche Verfolgung und die Priester behaupteten, dass ein der Ketzerei beschuldigter Arzt die französischen Wachen nicht heilen könne.

Zum Hass der Anhänger gesellte sich der Hass seiner Rivalen um Ruhm. Dies wurde durch ein Werk von La Mettrie mit dem Titel „The Politics of Physicians" neu entfacht. Ein Mann voller List und Ehrgeiz strebte nach der damals vakanten Stelle des ersten Arztes des Königs von Frankreich. Er dachte, dass er es erreichen könnte, indem er diejenigen seiner Zeitgenossen lächerlich machte, die Anspruch auf diese Position erheben könnten. Er schrieb eine Verleumdung gegen sie, und indem er die lockere Freundschaft von La Mettrie missbrauchte , lockte er ihn dazu, die Redegewandtheit seiner Feder und den Reichtum seiner Fantasie dafür einzusetzen. Mehr war nicht nötig, um den Untergang eines wenig bekannten Mannes zu vollenden, gegen den alle Erscheinungen sprachen und dessen einziger Schutz sein Verdienst war.

Da La Mettrie als Philosoph zu aufrichtig und als Freund zu zuvorkommend war, musste er sein Land verlassen. Der Herzog von Duras und der Viscount von Chaila rieten ihm, vor dem Hass der Priester und der Rache der Ärzte zu fliehen. Deshalb verließ er 1746 die Lazarette der Armee, in denen er von M. Sechelles untergebracht worden war , und kam nach Leyden, um in Ruhe zu philosophieren. Dort verfasste er seine „Penelope", ein polemisches Werk gegen die Ärzte, in dem er sich in der Manier Demokrits über die Eitelkeit seines Berufs lustig machte. Das merkwürdige Ergebnis war, dass die Ärzte selbst, obwohl ihre Quacksalberei in echten Farben dargestellt war, sich ein Lachen nicht verkneifen konnten, als sie es lasen, und das ist ein sicheres Zeichen dafür, dass sie darin mehr Witz als Bosheit gefunden hatten.

M. La Mettrie seine Krankenhäuser und seine Patienten aus den Augen verloren hatte, gab er sich völlig der spekulativen Philosophie hin; Er schrieb sein Werk „Der Mensch ist eine Maschine", oder besser gesagt, er brachte einige energische Gedanken über den Materialismus zu Papier, die er zweifellos umschreiben wollte. Dieses Werk, das den Menschen, die aufgrund ihrer Stellung als Feinde des Fortschritts der menschlichen Vernunft gelten, unweigerlich missfallen musste, brachte alle Priester von Leyden gegen seinen Autor auf. Calvinisten, Katholiken und Lutheraner vergaßen für eine Zeit, dass Konsubstantiation, freier Wille, Totenmesse und die Unfehlbarkeit des Papstes sie trennten: Sie alle schlossen sich erneut zusammen, um einen Philosophen zu verfolgen, der zusätzlich das Unglück hatte, Franzose zu sein, und das zu einer Zeit, in der … dass die Monarchie einen erfolgreichen Krieg gegen ihre Hochmächte führte.

Der Titel eines Philosophen und der Ruf, unglücklich zu sein, reichten aus, um La Mettrie eine Zuflucht in Preußen mit einer Rente vom König zu verschaffen. Er kam im Februar des Jahres 1748 nach Berlin; er wurde dort als Mitglied der Royal Academy of Science aufgenommen. Die Medizin holte ihn von der Metaphysik zurück, und er schrieb eine Abhandlung über Ruhr, eine weitere über Asthma, das Beste, was damals über diese grausamen Krankheiten geschrieben worden war. Er skizzierte Arbeiten zu bestimmten philosophischen Themen, die er untersuchen wollte. Durch eine Reihe von Zufällen, die ihm widerfuhren, wurden diese Werke gestohlen, aber er forderte ihre Unterdrückung, sobald sie auftauchten.

La Mettrie starb im Haus von Milord Tirconnel , dem bevollmächtigten Minister Frankreichs, dessen Leben er gerettet hatte. Es scheint, dass die Krankheit, die wusste, mit wem sie es zu tun hatte, klug genug war, zuerst sein Gehirn anzugreifen, um ihn noch sicherer zu verwirren. Er hatte brennendes Fieber und war heftig im Delirium. Der Invalide war gezwungen, sich auf die Wissenschaft seiner Kollegen zu verlassen, und er fand dort nicht die Ressourcen, die er so oft in seiner eigenen gefunden hatte, sowohl für sich selbst als auch für die Öffentlichkeit.

Er starb am 11. November 1751 im Alter von 43 Jahren. Er hatte Louise Charlotte Dréano geheiratet, von der er nur eine Tochter hinterließ, die fünf Jahre und einige Monate alt war.

La Mettrie wurde mit einer Fülle natürlicher und unerschöpflicher Fröhlichkeit geboren; Er hatte einen schnellen Verstand und eine so fruchtbare Vorstellungskraft, dass er auf dem Gebiet der Medizin Blumen entstehen ließ. Die Natur hatte ihn zum Redner und Philosophen gemacht; aber ein noch kostbareres Geschenk, das er von ihr erhielt, war eine reine Seele und ein zuvorkommendes Herz. Alle, denen die frommen Beleidigungen der Theologen nicht auferlegt werden, trauern in La Mettrie um einen guten Mann und einen weisen Arzt.

L'HOMME

MACHINE.

Eſt-ce là ce Raion de l'Eſſence ſuprème,
Que l'on nous peint ſi lumineux?
Eſt-ce là cet Eſprit ſurvivant à nous même?
Il naît avec nos ſens, croit, s'affoiblit
comme eux.
Helas! il périra de même.
VOLTAIRE.

À LEYDE,
DE L'IMP. D'ELIE LUZAC, FILS.
MDCCXLVIII.

Faksimile der Titelseite der Leidener Ausgabe von 1748

L'HOMME MACHINE.

Est-ce là ce Raion de l'Essence suprème ,

Warum wollen wir leuchten ?

Ist das dieser Esprit, der in unserem Leben überlebt hat ?

Wir wissen nicht, wer wir sind, wir werden es tun .

Helas ! il périra de même.

VOLTAIRE.

À LEYDE ,

DE L'IMP. D'ELIE LUZAC, FILS .

MDCCXLVIII.

L'HOMME MACHINE.

MANN EINE MASCHINE.

Es reicht nicht aus, einen Lehrer zu sein, der die Natur und den Wert studiert; Ich glaube nicht, dass ich mich für eine kleine Nummer entschieden habe, die ich gern hatte und vielleicht darüber nachdachte; Für die Anderen, die sich freiwillig in die Gefängnisse der Vorjugendlichen begeben, ist es nicht möglich, dass sie die Wahrheit annehmen, wenn sie sich in den Ruhestand begeben.

Für einen weisen Menschen reicht es nicht aus, die Natur und die Wahrheit zu studieren; Er sollte es wagen, die Wahrheit zum Nutzen der wenigen zu sagen, die denken wollen und können. Was die übrigen betrifft, die freiwillig Sklaven von Vorurteilen sind, so können sie ebenso wenig zur Wahrheit gelangen, wie Frösche fliegen können.

Ich rede zu zweit über die Systeme der Philosophie für den Mann. Der Premier und das Plus ancien, es ist das System der Materie; Der Zweite ist die Quelle des Spiritualismus.

Ich reduziere die Systeme der Philosophie, die sich mit der Seele des Menschen befassen, auf zwei. Das erste und ältere System ist der Materialismus; der zweite ist der Spiritualismus.

Die Metaphysiker unterstellten, dass das Material aus der Denkweise heraus fließen würde, ohne dass sie ihre Daseinsberechtigung verloren hätten. Pourquoi? Das ist, was sie haben, wenn sie einen Vorteil haben (und das ist nicht der Fall) oder nicht. In der Tat, wenn Sie nach dem Material fragen, denken Sie vielleicht darüber nach, ob jemand anderes darüber nachdenkt, es könnte ein paar Stunden dauern, bis Sie nach dem Material gefragt sind. Wir wissen schon, dass wir dieses Mal umgekommen sind, Mr. Locke hat ihm den Schaden zugefügt.

Die Metaphysiker, die angedeutet haben, dass Materie durchaus mit der Fähigkeit zum Denken ausgestattet sein könnte, haben vielleicht nicht schlecht argumentiert. Denn in diesem Fall liegt ein gewisser Vorteil in ihrer unzureichenden Art, ihre Bedeutung auszudrücken. In Wahrheit ist die Frage, ob die Materie denken kann, ohne sie anders als in sich selbst zu betrachten, so, als

Die Leibniz-Leute haben mit ihren *Monaten* eine unverständliche Hypothese aufgestellt. Sie haben die Materie nicht vergeistigt, sie ist materiell geworden. Vielleicht haben Sie festgestellt, dass uns die Natur nicht wirklich im Weg steht?

Descartes und alle anderen Cartesianer teilten ihm die Zeit mit, als er die Malebranchisten befragte, und das war auch schon so. Ich habe zwei Substanzen zugelassen, die den Menschen auszeichnen, denn sie haben freie Sicht und sind gut beraten.

Die meisten weisen darauf hin, dass ich nicht wissen muss, was sie von den einzelnen Lichtern des Foi erwarten: Unabhängig davon, dass sie von höchster Qualität sind, können sie sich das Recht des Prüfers vorbehalten, das Schreiben an Sie zu richten par le mot *Esprit*, dont elle se se sert en parlant de l'âme humaine; Und wenn sie recherchieren, sind sie nicht übereingekommen, diesen Punkt mit den Theologien zu übereinstimmen?

würde man fragen, ob die Materie die Zeit bestimmen kann. Es ist abzusehen, dass wir dieses Riff meiden werden, an dem Locke das Pech hatte, Schiffbruch zu erleiden.

Die Leibnizianer haben mit ihren Monaden eine unverständliche Hypothese aufgestellt. Sie haben eher die Materie vergeistigt als die Seele materialisiert. Wie können wir ein Wesen definieren, dessen Natur uns völlig unbekannt ist? [2]

Descartes und alle Cartesianer, zu denen seit langem die Anhänger Malebranches zählen, haben den gleichen Fehler begangen. Sie haben zwei unterschiedliche Substanzen im Menschen für selbstverständlich gehalten, als hätten sie sie gesehen, und sie positiv gezählt.

Die weisesten Männer haben erklärt, dass die Seele sich selbst nur durch das Licht des Glaubens erkennen kann . Als vernünftige Wesen dachten sie jedoch, sie könnten sich das Recht vorbehalten, zu untersuchen, was die Bibel mit dem Wort „Geist" meint, das sie verwendet, wenn sie von der menschlichen Seele spricht. Und wenn sie in ihrer

Untersuchung in diesem Punkt nicht mit den Theologen übereinstimmen, sind sich die Theologen dann in allen anderen Punkten untereinander eher einig?

Ich höre auf einmal das Ergebnis aller meiner Gedanken.

S'il ya un Dieu, il est auteur de la Nature, comme de la Révélation; Wir haben es getan, um es dem Anderen zu erklären; et la Raison, für das Accorder-Ensemble.

Wenn man sich den Erkenntnissen widersetzt, die man in den animierten Körpern sehen kann, so betrachtet man die Natur und die Offenbarung als zwei Gegensätze, die sie zerstören ; Und aus diesem Grund ist es uns nicht mehr so absurd, dass die Dieu sich in seinen verschiedenen Aufgaben widersetzt und uns etwas vortäuscht.

Hier ist in wenigen Worten das Ergebnis all ihrer Überlegungen. Wenn es einen Gott gibt, ist er sowohl der Autor der Natur als auch der Offenbarung. Er hat uns das eine gegeben, um das andere zu erklären, und einen Grund, sie zu einer Einigung zu bewegen.

Dem Wissen zu misstrauen, das aus dem Studium belebter Körper gewonnen werden kann, bedeutet, Natur und Offenbarung als zwei Gegensätze zu betrachten, die sich gegenseitig zerstören, und es daher zu wagen, die absurde Lehre aufrechtzuerhalten, dass Gott sich in seinen verschiedenen Werken selbst widerspricht und uns täuscht .

Es ist eine Offenbarung, sie kann die Natur nicht verunsichern. Par la Nature seule, vielleicht habe ich den Sinn für die Parolen von Evangile kennengelernt, ist die Erfahrung, die ich selbst gemacht habe, eine echte Interpretation. In der Tat waren die anderen Kommentatoren nicht in der Lage, die Wahrheit zu verdeutlichen. Wir sind alle vom Autor des *Spectacle de la Nature* begeistert . „Es ist etonnant, sagte er (aus dem Namen

Wenn es eine Offenbarung gibt, kann diese nicht der Natur widersprechen. Nur von Natur aus können wir die Bedeutung der Worte des Evangeliums verstehen, deren einzige wahre Interpretation die Erfahrung ist. Tatsächlich haben die Kommentatoren vor

von Mr. Locke), dass ein Mann, der sich nicht gerade an der Stelle eines Mannes erniedrigte, die Existenzberechtigung festlegte, um die Geheimnisse des Foi zu regeln und zu regeln ; Auto, ajoute-t-il, quelle étonnante aurait-on du Christianisme, si l'on voulait suivre la Raison?"

unserer Zeit die Wahrheit nur verschleiert. Das können wir anhand des Autors des „Naturschauspiels" beurteilen. ³—„Es ist erstaunlich", sagt er über Locke, „dass ein Mann, der unsere Seele so weit herabwürdigt, dass er sie für eine Seele aus Lehm hält, es wagen sollte, die Vernunft als Richter und souveränen Schiedsrichter über die Geheimnisse des Glaubens einzusetzen", fügt er hinzu „Was für eine erstaunliche Vorstellung vom Christentum hätte man, wenn man der Vernunft folgen würde."

Da diese Überlegungen nicht in der Lage waren, sich an die Foi zu wenden, formierten sie leichtfertige Einwände gegen die Methode, die sie als Dolmetscher für das Heilige Buch erachten konnten, und ich hatte die Ehre, die Zeit zu verlieren, um sie widerlegen zu können.

Diese Überlegungen versagen nicht nur darin, den Glauben zu erläutern, sondern sie stellen auch so leichtfertige Einwände gegen die Methode derjenigen dar, die es sich zur Aufgabe machen, die Heilige Schrift auszulegen, dass ich mich fast schäme, Zeit damit zu verschwenden, sie zu widerlegen.

1°. L'excellence de la Raison hängt nicht von einem grand mot vide de sens (*l'immatérialité*) ab; Aber es hat Kraft, seinen Willen oder Hellsichtigkeit. Es ist nur eine Sache, die ich erfahren habe, wie ein Putsch, Berichte und eine Reihe unendlicher Ideen, die es zu lösen gilt, es ist offensichtlich besser als eine kleine und dumme Person, die das Beste aus den

Die Exzellenz der Vernunft hängt nicht von einem großen, bedeutungslosen Wort (Immaterialität) ab, sondern von der Kraft, dem Ausmaß und der Klarheit der Vernunft selbst. Daher wäre eine „Seele aus Ton",

Dingen herausgeholt *hat* précieux. Da er kein Philosoph war, wurde er mit Pline aus der Misere unseres Ursprungs geboren. Was das bedeutet, ist, dass ich mich für ein Plus an Wert entschieden habe, und dass die Natur dem Plus an Kunst und dem Plus an Kleidung gleicht. Mehr als der Mann, als ich noch eine Quelle mehr als nur böse auf den ersten Blick gesehen hatte, und es schien mir nicht mehr so viel zu geben von all den anderen, die so ursprünglich waren, wie sie waren, sie waren rein und edel , erhaben, c'est une belle âme, qui rend respectable quiconque en est doué.

die sozusagen auf einen Blick die Zusammenhänge und Folgen einer unendlichen Zahl schwer verständlicher Ideen erkennen würde, offensichtlich einer törichten und dummen Seele vorzuziehen, auch wenn sie aus solchen zusammengesetzt wäre die wertvollsten Elemente. Ein Mensch ist kein Philosoph, weil er wie Plinius über die Erbärmlichkeit unserer Herkunft errötet. Was abscheulich erscheint, ist hier das Kostbarste und scheint Gegenstand höchster Kunst und sorgfältigster Sorgfalt der Natur zu sein. Aber da der Mensch, selbst wenn er scheinbar aus einer noch niedrigeren Quelle stammte, dennoch das vollkommenste aller Wesen wäre, so ist es eine schöne Seele, egal welchen Ursprungs seine Seele hat, wenn sie rein, edel und erhaben ist was den damit ausgestatteten Mann würdigt.

Die zweite Art der Daseinsberechtigung von Mr. Pluche wurde mir zur Last gelegt, selbst in seinem System, das ein fanatischer Mensch war; Wenn wir von einer Idee der Foi ausgehen, die im Widerspruch zu den Grundsätzen des Überlegenen steht, mit der Wahrheit über das Unanfechtbare, ist er faut croire, für den Ehrentitel der Offenbarung

Pluches zweite Argumentation erscheint mir bösartig, selbst in seinem System, das ein wenig nach Fanatismus schmeckt; Denn wenn wir seiner Ansicht nach eine Vorstellung davon haben,

und des Sohnes Autor, diese Idee ist falsch, und das sind wir Ne connaissons point encore les sens des paroles de l'Evangile.

De deux wählt l'une; Du verkündest, dass es eine Illusion ist, genauso wie die Natur, die die Offenbarung ist; Ihre Erfahrung könnte den Zweck der Foi erfüllen. Was ist der große Spott unseres Autors? Ich stelle mir vor, dass es sich um einen Patienten handelt, der dir sagt: „Ist mir die Erfahrung von Toricelli nicht geglückt : Wenn wir uns quälen, wenn wir uns mit dem Schrecken des Lebens verbünden, was bedeutet unsere Philosophie?"

Ich habe die Daseinsberechtigung von Herrn Pluche zusammengetragen, 1 nach dem ersten Beweis, dass es sich um eine Offenbarung handelte, es reichte nicht aus, von der eigenen Autorität der Eglise demontiert zu werden, und ohne Prüfung der Raison , Comme le pretendent tous ceux qui la craignent. Zweitens, um mit der ganzen Arbeit fertig zu werden, greifen Sie

dass der Glaube den klarsten Prinzipien und den unbestreitbarsten Wahrheiten widerspricht, müssen wir dennoch aus Respekt vor der Offenbarung und ihrem Autor zu dem Schluss kommen, dass diese Vorstellung falsch ist und dass wir Ich verstehe die Bedeutung der Worte des Evangeliums noch nicht.

Von den beiden Alternativen ist nur eine möglich: Entweder ist alles Illusion, sowohl Natur als auch Offenbarung, oder Erfahrung allein kann den Glauben erklären. Aber was könnte lächerlicher sein als die Position unseres Autors! Kann man sich vorstellen, einen Peripatetiker sagen zu hören: „Wir sollten die Experimente von Torricelli nicht akzeptieren, ⁻denn wenn wir sie akzeptieren sollten, wenn wir uns vom Schrecken der Leere befreien sollten, was für eine erstaunliche Philosophie hätten wir haben sollen!"

Ich habe gezeigt, wie bösartig die Argumentation von Pluche ist1 , um erstens zu beweisen, dass, wenn es eine Offenbarung gibt, diese nicht ausreichend durch die bloße Autorität der Kirche und ohne jede Berufung auf die Vernunft wie alles

die Methode von ceux an, die Sie während der Reise, die Ihr Werk hat, benötigen, um die ausgewählten natürlichen, unverständlichen Dinge auf den ersten Blick von den Lichtern zu interpretieren, die der Natur zu Hilfe kommen.

Die Erfahrung und die Beobachtung müssen uns hier begleiten. Sie finden sich ohne Namen in den Fastenzeiten von Ärzten wieder, die Philosophen sind, und nicht unter den Philosophen, die noch nicht einmal Ärzte sind. Ceux-ci ont parcouru, ont éclairé le labyrinthe de l'homme; Wir haben alle diese Resorts unter den Umschlägen versteckt, die uns zu den Wundern verholfen haben. Euer seuls, besinnt euch auf die Ruhe von Notre-Dame, das tausendfache der Überraschung, und in seiner Misere, und in seiner Erhabenheit, ohne den Mépriser in diesen Staaten, den ich im anderen bewundere. Noch eine Stunde, voilà, alle Ärzte kommen hierher. Was haben wir mit den anderen und den darüber hinausgehenden Theorien zu tun? Die Absicht, sich zu entscheiden, macht sich nicht lächerlich, denn ein Thema, das sie nicht an die Porte des Verräters richten, sind nicht ganz im Gegenteil, weil sie von den obskuren Studien abgelenkt wurden, die vor tausenden von Kanälen auftauchen , und für alles in einem Kampf, voller Fanatismus, der ihm noch mehr Unwissenheit über die Mechanik des Korps zufügte.

andere bewiesen wird Diejenigen, die Angst vor der Vernunft haben, behaupten: und zweitens , um die Methode derer, die dem Weg folgen möchten, den Ich ihnen öffne, vor allen Angriffen zu schützen, übernatürliche Dinge, die an sich unverständlich sind, im Licht dieser Ideen zu interpretieren was uns die Natur geschenkt hat. Erfahrung und Beobachtung sollten daher hier unser einziger Leitfaden sein. Beides findet sich überall in den Aufzeichnungen der Ärzte, die Philosophen waren, und nicht in den Werken der Philosophen, die keine Ärzte waren. Erstere sind durch das Labyrinth des Menschen gereist und haben es erleuchtet; Sie allein haben uns die Quellen [des Lebens] offengelegt, die unter der äußeren Hülle verborgen sind, die so viele Wunder vor unseren Augen verbirgt. Sie allein haben, indem sie ruhig unsere Seele betrachteten, sie tausendmal überrascht, sowohl in ihrer Erbärmlichkeit als auch in ihrer Herrlichkeit, und sie haben sie im ersten Stand ebenso wenig verachtet, wie sie sie im zweiten Stand bewundert haben. Ich möchte es noch einmal wiederholen: Nur die Ärzte

Aber wir haben uns für die besten Reiseführer entschieden, wir haben noch mehr Berge und Hindernisse in diesem Transport gefunden.

Der Mensch ist eine Maschine, die zusammengesetzt ist, es ist unmöglich, eine klare Idee zu haben, und das Ergebnis ist es. Dies gilt für alle Recherchen, die die großen Philosophen *von vornherein ins Leben gerufen* haben, und sie wollten ihnen dienen, wenn ihnen der Geist fehlte, weil sie vergeblich waren. Auch wenn Sie *erst im Nachhinein daran* interessiert waren, die Stelle zu bestimmen, die Sie beim Durchqueren der Organe des Korps hatten, konnte es sein, dass Sie nicht mit Beweisen für die Natur eines Mannes aufgeklärt wurden, aber ich habe das Plus gefunden Großes Ausmaß der

haben das Recht, zu diesem Thema zu sprechen. [5] Was könnten die anderen, insbesondere die Theologen, dazu sagen? Ist es nicht lächerlich zu hören, wie sie schamlos zu Schlussfolgerungen über ein Thema kommen, über das sie keine Möglichkeit hatten, etwas zu wissen, und von dem sie im Gegenteil durch obskure Studien, die sie zu tausend voreingenommenen Meinungen geführt haben, völlig abgelenkt wurden? – mit einem Wort, zum Fanatismus, der ihre Unkenntnis der Mechanismen des Körpers noch verstärkt ?

Aber auch wenn wir die besten Führer ausgewählt haben, werden uns immer noch viele Dornen und Stolpersteine im Weg stehen.

Der Mensch ist eine so komplizierte Maschine , dass es unmöglich ist, sich im Voraus eine klare Vorstellung von der Maschine zu machen und sie daher nicht zu definieren. Aus diesem Grund waren alle Untersuchungen vergeblich, die die größten Philosophen *a priori* gemacht haben , d. h. insofern sie sich gleichsam der Flügel des Geistes bedienten. Somit kann man nur *im Nachhinein*

Wahrscheinlichkeit, die auf diesem Thema möglich ist.

oder durch den Versuch, die Seele sozusagen von den Organen des Körpers zu lösen, die höchste Wahrscheinlichkeit hinsichtlich der eigenen Natur des Menschen erreichen, auch wenn man nicht mit Sicherheit herausfinden kann, was seine Natur ist.

Prenons über den Stab der Erfahrung, und lassen Sie sich von der Geschichte aller leeren Meinungen der Philosophen inspirieren. Etre aveugle, et croire pouvoir se passer de ce bâton, c'est le comble de l'auglement. Ein moderner Mensch ist der Grund dafür, dass seine Eitelkeit nicht in Sekundenschnelle verloren geht, insbesondere bei den Premieren! Vielleicht bewundere ich auch diese schönen Geister in ihren Werken mit den Plus Inutiles, den Descartes, den Malebranche, den Leibnitz, den Wolf usw.; Was ist das für eine Frucht, was kostet es Sie, wenn sie sich von ihren intensiven Meditationen zurückziehen und alle ihre Leistungen erbringen? Vielen Dank, ich denke nicht daran, aber ich denke nur an die Hoffnungen des Lebens.

Nehmen wir also den Stab der Erfahrung in die Hand, ᶻ und achten wir nicht auf die Berichte aller müßigen Theorien der Philosophen. Blind zu sein und zu denken, dass man auf diesen Stab verzichten kann, ist die schlimmste Art von Blindheit. Wie wahr ein zeitgenössischer Schriftsteller sagt, dass nur die Eitelkeit nicht in der Lage ist, aus sekundären Ursachen die gleichen Lehren zu ziehen wie aus primären Ursachen! Man kann und sollte sogar all diese großartigen Genies in ihren nutzlosesten Werken bewundern, solche Männer wie Descartes, Malebranche, Leibniz, Wolff und die anderen, aber welchen Nutzen, frage ich, hat irgendjemand aus ihren tiefgründigen Meditationen gezogen? alle ihre Werke? Beginnen wir also damit, nicht herauszufinden, was gedacht wurde, sondern was

Außerhalb der Stimmung, des Geistes, der Charaktere und der unterschiedlichen Kräfte. Galien verband mich mit diesem wahren, wie Descartes und nicht mit Hippokrates, wie der Autor der Geschichte der USA, und meinte, gerade so, als ob die Medizin allein ihren Geist und ihre Liebe mit ihnen verändern könnte Korps. Es ist wahr, die Melancholie, die Galle, der Schleim, der Gesang usw., neben der Natur, dem Überfluss und der vielfältigen Kombination dieser Menschen, die jeder Mensch zu einem anderen Menschen macht.

Im Krankheitsfall wurde ich ausgeblendet, und ich bekam kein Zeichen von ihr ; tantôt on dirait qu'elle est double, tant la fureur la transporte; Dadurch löst sich die Belastung auf: und die Genesung eines Mannes, der einen Geist hat. Da der große Genie nicht dumm ist, wird er nicht mehr aufgeklärt. Adieu, diese schönen Erkenntnisse erobern ihr Grands Frais, und zwar mit Schmerzen !

Ich bin gelähmt und muss sagen, dass es sich um einen Soldaten handelt, der die BHs

gedacht werden muss, um im Leben zur Ruhe zu kommen.

Es gibt so viele unterschiedliche Köpfe, unterschiedliche Charaktere und unterschiedliche Bräuche wie unterschiedliche Temperamente. Sogar Galen [8]—kannte diese Wahrheit, die Descartes so weit ging, zu behaupten, dass allein die Medizin neben dem Körper auch den Geist und die Moral verändern könne. (Vom Autor von „ L'histoire de l'âme " [2]wird diese Lehre fälschlicherweise Hippokrates zugeschrieben. [10]—) Es ist wahr, dass Melancholie, Galle, Schleim, Blut usw. – je nach Natur, Fülle und ... Unterschiedliche Kombinationen dieser Stimmungen machen jeden Mann anders als den anderen. [11]

Bei einer Krankheit ist die Seele manchmal verborgen und zeigt kein Lebenszeichen. manchmal ist es durch die Wut so entzündet, dass es scheint, als ob es sich verdoppelt; Manchmal verschwindet die Dummheit und die Genesung eines Idioten bringt einen weisen Mann hervor. Manchmal

verlassen hat, die ich in ein Coupé stecke. Die Erinnerung an seine alten Empfindungen und statt dessen die Rapportierung, war eine Illusion und eine besondere Absicht. Ihm genügte es, mit dieser Partei zu reden, die er brauchte, um ihn zu rächen und alle seine Bewegungen zu hören ; Das ist mir gelungen, weil ich meine Vorstellungskraft nicht ausdrücken kann.

Celui-ci plure, wie ein Kind, aux nähert sich dem Tod, que celui-là badine. Was ist Caius Julius, Sénèque und Pétrone zum Verhängnis geworden, weil er seine Unerschrockenheit, Kleinmut oder Poltronie verloren hat ? Eine Behinderung im Gang, in der Foie, eine Blockade in der Pforte. Pourquoi? Parceque l'imagination se bouche avec les viscères; Und ich habe alle diese einzigartigen Phänomene der hysterischen und hypokondrischen Zuneigung entdeckt.

wiederum wird das größte Genie dumm und verliert das Selbstbewusstsein. Adieu also von all dem schönen Wissen, das man um einen so hohen Preis und mit so viel Mühe erworben hat! Hier ist ein Gelähmter, der fragt, ob sein Bein bei ihm im Bett liege; Da ist ein Soldat, der denkt, er hätte noch den abgetrennten Arm. Die Erinnerung an seine alten Empfindungen und an den Ort, an den sie seine Seele verwies, ist die Ursache seiner Illusion und dieser Art von Delirium. Die bloße Erwähnung des Gliedes, das er verloren hat, reicht aus, um es in sein Bewusstsein zu rufen und alle seine Bewegungen spüren zu lassen; und dies verursacht ihm eine undefinierbare und unaussprechliche Art von eingebildetem Leiden. Dieser Mann weint wie ein Kind, wenn der Tod naht, während dieser andere scherzt. Was war nötig, um den Mut von Gaius Julius, Seneca oder Petronius in Feigheit oder Kleinmut umzuwandeln? Nur ein Verschluss in der Milz, in der Leber, ein Verschluss in der Pfortader? Warum? Weil die Vorstellungskraft zusammen mit den Eingeweiden blockiert wird, und dies führt zu allen

Was für ein Novum auf der Welt, das ich mir vorstelle, verwandelt sich in *Männer*, *Frauen*, *Vampire*, bis ich weiß, dass die Toten so gut sind? Deshalb muss ich sagen, dass sie meine Augen, andere Mitglieder, das Glas, und der eigentliche Berater, der auf der Leinwand liegt, nicht dazu bewegen können, die Verwendung nachzuverfolgen Und der wahre Stuhl, als ich das Feuer auf der Leinwand auf ihr traf, war es nicht mehr schlimm : Frayeur qui a quelquefois guéri la paralysie? Ich muss auf jeden Fall auf der ganzen Welt vorbeikommen.

Ich muss nicht lange auf die Einzelheiten der Wirkung des Sommers achten. Voyez ce soldat fatigué! Das Ronfle dans la tranchée, au bruit de cent pièces de canons! Son âme n'entend rien, son sommeil est une parfaite apoplexie. Une bombe va l'écraser; Es kann sein, dass es weniger als ein Insekt gibt, das unter ihm steckt.

einzigartigen Phänomenen der Hysterie und Hypochondrie.

Was kann ich zu den bereits erzählten Geschichten über diejenigen hinzufügen, die sich vorstellen, sich in Wolfsmenschen, Hähne oder Vampire zu verwandeln, oder über diejenigen, die glauben, dass die Toten sich von ihnen ernähren? Warum sollte ich aufhören, über den Mann zu sprechen, der sich einbildet, seine Nase oder ein anderes Glied sei aus Glas? Der Weg, diesem Mann zu helfen, seine Fähigkeiten und seine eigene Nase aus Fleisch und Blut wiederzuerlangen, besteht darin, ihm zu raten, auf Heu zu schlafen, damit er das empfindliche Organ nicht zerbricht, und dann das Heu anzuzünden, damit er Angst vor Verbrennungen hat – eine Angst, die manchmal Lähmungen geheilt hat. Aber ich muss die Tatsachen, die jeder kennt, vorsichtig ansprechen.

Ich werde mich auch nicht lange mit den Einzelheiten der Auswirkungen des Schlafs befassen. Hier schnarcht ein müder Soldat in einem Schützengraben, inmitten des Donners von Hunderten Kanonen . Seine Seele hört nichts; sein Schlaf

Von einer anderen Küste, diesem Mann, der die Jalousie, den Haine, den Geiz oder den Ehrgeiz liebt, kann er keine Repos finden. Die Stille, die Bäume, die Fraîches und die Ruhe sind allesamt nutzlos, bis ich sie auf der Reise der Leidenschaften abgegeben habe.

L'âme et le corps s'endorment ensemble. Daß die Bewegung, die Du sangst, ruhig war, ein doppeltes Gefühl des Friedens und der Ruhe wurde in der ganzen Maschine wiedergegeben ; Ich werde mit den Armen geschwächt und mit den Fasern des Gebärmutterhalses beschäftigt: Sie weichen möglicherweise bis zur Lähmung aus, mit allen Muskeln des Körpers. Ceux-ci ne peuvent plus porter le poids de la tête; Celle là ne peut plus soutenir le fardeau de la pensée; Sie ist dans le sommeil, wie kein anderer Punkt.

ist so tief wie ein Schlaganfall. Eine Bombe ist im Begriff, ihn zu zerstören. Er wird dies vielleicht weniger spüren als ein Insekt, das sich unter seinem Fuß befindet.

Andererseits kann dieser Mann, der von Eifersucht, Hass, Geiz oder Ehrgeiz zerfressen wird, niemals Ruhe finden. Der friedlichste Ort, die frischesten und beruhigendsten Getränke sind gleichermaßen nutzlos für jemanden, der sein Herz nicht von der Qual der Leidenschaft befreit hat.

Seele und Körper schlafen gemeinsam ein. Wenn sich die Bewegung des Blutes beruhigt, breitet sich im gesamten Mechanismus ein süßes Gefühl des Friedens und der Ruhe aus. Die Seele spürt, wie sie nach und nach schwerer wird, wenn die Augenlider sinken, und dass sie ihre Anspannung verliert, wenn sich die Fasern des Gehirns entspannen; so wird es nach und nach wie gelähmt und mit ihm alle Muskeln des Körpers. Diese können das Gewicht des Kopfes nicht mehr tragen, und die Seele kann die Last des Denkens nicht mehr tragen; es schläft, als ob es nicht so wäre.

Wird die Zirkulation mit weniger Energie erreicht ? Ich kann nicht schlafen. L'âme est-elle trop agitée, le sang ne peut se quieter; Er galoppiert in den Adern mit einem Geräusch, das bedeutet: Erzählt, dass die beiden die Gegenspieler der Schlaflosigkeit hervorrufen. Eine einzige Person, die in den Liedern brennt, hat den Kern um einen Schlag verdoppelt, und wir haben nach Bedarf gereist, oder wir haben uns auf den Weg gemacht, weil wir ein Leben lang oder in dringenden Fällen verloren haben. Endlich, wenn die Funktion des Sommers aufhört, den Sommer zu besorgen, ist er selbst an der Decke (die noch nicht einmal eine halbe Nacht lang ist), aus kleinen, sehr häufigen Sommertagen, aus *Rêves à la Suisse* , der beweist, dass ich das Korps nicht täglich zum Schlafen besuche; Wenn das Auto noch nicht da ist, kann es passieren, dass es nicht klappt! Puisqu'il lui est unmöglich, ein einziges Objekt zuzuordnen, bevor es darauf ankommt, dass Aufmerksamkeit, Parmi, diese unnennbaren Ideen verwirren, qui Comme autant de nuages remplissent, pour ainsi düster, die Atmosphäre unseres Herzens.

Ist die Durchblutung zu schnell? Die Seele kann nicht schlafen. Ist die Seele zu sehr aufgeregt? Das Blut lässt sich nicht beruhigen: Es galoppiert mit hörbarem Rauschen durch die Adern. Dies sind die beiden gegensätzlichen Ursachen für Schlaflosigkeit. Ein einziger Schrecken mitten in unseren Träumen lässt das Herz mit doppelter Geschwindigkeit schlagen und reißt uns aus der nötigen und köstlichen Ruhe, wie es eine echte Trauer oder ein dringendes Bedürfnis tun würden. Da schließlich das bloße Aufhören der Seelenfunktionen Schlaf hervorruft, gibt es, selbst wenn wir wach sind (oder zumindest wenn wir halb wach sind), Arten von sehr häufigen kurzen Nickerchen des Geistes, Uferträume, die dies zeigen Die Seele wartet nicht immer darauf, dass der Körper schläft. Denn wenn die Seele nicht fest schläft, ist sie sicherlich nicht weit vom Schlaf entfernt, da sie unter der unzähligen Menge verwirrter Ideen, die sozusagen unsere Atmosphäre erfüllen, keinen einzigen Gegenstand aufzeigen kann, dem sie beigewohnt hat Gehirne wie Wolken.

L'opium in trop de rapport with the sommeil qu'il beschaffen, pour nie pas le placer hier. Wir warten darauf, dass der Wein, das Café und wir uns auf den Weg machen und ihm eine Dosis geben. Ich habe den Mann in einem Zustand verlassen, der dem Grab des Gefühls gleichkam, als wäre es das Bild des Todes. Quelle douce léthargie! Es ist nicht möglich, etwas zu tun. Sie wartete vor den großen Träumen; Sie ist nicht nur dazu geeignet, sondern auch für ihre charmante Ruhe zu sorgen. L'opium change jusqu'à la volonté; Ich erzwinge, dass ich dich verstecke und ablenke, damit es dir nicht gut geht. Ich passe vor Stille die Geschichte der Gifte.

Ich bin der Fantasie freien Lauf gelassen, das Café ist das Gegenmittel des Weins, wir vertreiben uns den größten Teil unseres Lebens und unser Leid, ohne dass wir uns in der Ménager befinden, wie dieser Likör, für die Leihgabe.

Contemplons l'âme dans ses autres besoins.

Opium ist zu eng mit dem Schlaf verbunden, den es hervorruft, als dass es hier außer Acht gelassen werden könnte. Dieses Medikament berauscht, wie Wein, Kaffee usw., jeweils in seinem eigenen Maß und entsprechend der Dosis. [12] Es macht einen Menschen glücklich in einem Zustand, der scheinbar das Grab der Gefühle ist, da es das Bild des Todes ist. Wie süß ist diese Lethargie! Die Seele würde sich danach sehnen, nie wieder daraus hervorzukommen. Denn die Seele war eine Beute der größten Trauer, aber jetzt empfindet sie nur noch die Freude über vergangenes Leid und den süßesten Frieden. Opium verändert sogar den Willen und zwingt die Seele, die aufwachen und das Leben genießen wollte, wider Willen zu schlafen. Ich werde jeden Hinweis auf die Wirkung von Giften weglassen.

Kaffee, das bekannte Gegenmittel gegen Wein, heilt unsere Kopfschmerzen und zerstreut unsere Sorgen, indem er die Fantasie anregt, ohne uns, wie es beim Wein der Fall ist, andere Kopfschmerzen für den nächsten Tag aufzusparen. Aber betrachten wir die

Das menschliche Corps ist eine Maschine, die es mit seinen Ressourcen zu tun hat; Lebhaftes Bild der ewigen Bewegung. Die Lebensmittel, die das Buch begeistern. Sans eux l'âme languit, entre en fureur et meurt abattue. C'est one bougie don't la lumière se ranime, au moment de s'éteindre. Mais nourrissez le corps, versez dans ses tuyaux des sucs vigoureux, des liqueurs fortes; Als ich mich mit den Waffen eines feurigen Mutes und des Soldaten befasste, wurde das Wasser zu Tode gequält, es kam zu wilden Hoffeierlichkeiten bis zum Tod, als die Tambours ertönten. Es ist auch so, dass das Wasser aufgeregt und gesungen ist, bis das Wasser ruhig ist.

Quelle puissance d'un repas! Die Freude wird in einem dreisten Herzen wiedergefunden; Sie bestanden aus dem Publikum, das sie mit guten Chansons experimentierten, oder die Franzosen waren ausgezeichnet. Die Melancholie liegt mir am Herzen, und der Mann der Schule ist mehr als allein.

Seele in ihren anderen Bedürfnissen.

Der menschliche Körper ist eine Maschine, die ihre eigenen Federn aufzieht. Es ist das lebendige Bild der ewigen Bewegung. Die Ernährung hält die Bewegungen aufrecht, die das Fieber hervorruft. Ohne Nahrung verkümmert die Seele, wird verrückt und stirbt erschöpft. Die Seele ist eine Kerze, deren Licht in dem Moment aufflammt, bevor es erlischt. Aber nähre den Körper, gieße in seine Adern lebensspendende Säfte und starke Getränke, und dann wird die Seele stark wie sie, als würde sie sich mit stolzem Mut wappnen, und der Soldat, den das Wasser hätte fliehen lassen, wird kühn und rennt freudig zu Tode zum Klang der Trommeln. So versetzt ein heißes Getränk das Blut in stürmische Bewegung, das ein kaltes Getränk beruhigt hätte.

Welche Kraft steckt in einer Mahlzeit! Die Freude erwacht in einem traurigen Herzen wieder und infiziert die Seelen der Kameraden, die ihre Freude an den freundlichen Liedern zum Ausdruck bringen, in denen der Franzose brilliert. Nur der melancholische Mann ist niedergeschlagen, und der

La viande crue rend les animaux wild; les hommes le deviendraient par la même nourriture; Es ist wahr, dass die Nation Englisch sagt, dass wir nicht viel über den Stuhl hinausgehen müssen, wenn wir uns befinden, mehr Rouge und Sanglante, aber mehr oder weniger große Teilnehmer dieser Férocité sind, die sich mit Nahrungsmitteln und anderen Dingen befassen, Dass die Ausbildung nur leistungsfähig sein kann. Dieses wilde Produkt war in der Nähe des Orgels, in der Hölle, im Mépris anderer Nationen, in der Indoktrinität und in anderen Gefühlen, die den Charakter verdorben haben, wie große Nahrungsmittel einen lauten Geist hatten, in Frieden, nicht in Paresse und in der Trägheit Sont les Attribute favoris.

Rohes Fleisch macht Tiere wild und hätte den gleichen Effekt auf den Menschen. Das ist so wahr, dass die Engländer, die rotes und blutiges Fleisch essen, das nicht so gut durchgegart ist wie unseres, mehr oder weniger an der Grausamkeit teilzuhaben scheinen, die diese Art von Essen und andere Ursachen verursacht, die nur durch Bildung unwirksam gemacht werden können . Diese Grausamkeit erzeugt in der Seele Stolz, Hass, Verachtung anderer Nationen, Unbeugsamkeit und andere Gefühle, die den Charakter erniedrigen, so wie schweres Essen einen stumpfen und schweren Geist hervorruft, dessen übliche Merkmale Faulheit und Trägheit sind.

Mr. Pope sprach gut mit dem Reich der Feinschmecker und sagte: „Der ernste Catius redet von ganzem Herzen, und es ist so, als ob die Sünden noch lange dauern würden." Diese schönen Gefühle während der letzten Stunde des Abendessens; Deshalb bevorzugt er einen Tisch, der einen zarten Tisch und einen sparsamen Heiligen hat.

Papst verstand die ganze Macht der Gier gut, als er sagte: [13]

„ Catius ist immer moralisch, immer ernst,

Denkt, wer einen Schurken erträgt, ist der Nächste ein Schurke,

Sparen Sie einfach beim Abendessen – dann bevorzugen Sie zweifellos,

„Denken Sie daran, meine Freunde, mein Mann ist krank, oder er ist krank; possédant une belle charge, ou l'ayant perdue; „Vous le verrez chérir la vie, or la détester, fou à la chase, ivrogne dans a assemblée de Province, poli au bal, bon ami en ville, sans foi à la cour.“

Wir waren in der Schweiz unter dem Namen Steiguer de Wittighofen ; Es ist für mich das höchste Maß an Vollständigkeit und zugleich das höchste Maß an Nachsicht; Aber es war ein miserabler Fehler, den ich auf der Suche nach einem großen Abendessen hatte! Der Mann blieb bis zur Unschuld hängen, wie zum Beispiel das Paar.

Wir denken, und ich bin kein ehrenwerter Mensch, wie wir sind, ihr Mutigen; Alles hängt davon ab, dass die Maschine nicht montiert ist. In bestimmten Momenten, in denen ich in der Luft wohne, und in denen Van Helmont seinen Pylore belagert, wird er

Ein Schurke mit Wild zu einem Heiligen ohne.“

An anderer Stelle sagt er:

„Sehen Sie sich den gleichen Mann in voller Kraft und Gicht an

Allein, in Gesellschaft, vor Ort oder unterwegs,

Früh im Geschäft und bei Gefahr spät,

Wütend bei einer Fuchsjagd, weise bei einer Debatte,

Betrunken in der Stadt, höflich auf einem Ball,

Freundlich in Hackney, treulos in White Hall.“

In der Schweiz hatten wir einen Gerichtsvollzieher namens M. Steigner de Wittighofen . Wenn er fastete, war er ein äußerst aufrichtiger und sogar ein nachsichtiger Richter, aber wehe dem unglücklichen Mann, den er nach einem großen Abendessen auf der Bank des Täters fand! Er war in der Lage, die Unschuldigen wie die Schuldigen an den Galgen zu schicken.

Wir denken, dass wir gute Männer sind, und das sind wir auch tatsächlich, nur weil wir fröhlich oder mutig sind; Alles hängt davon ab, wie unsere Maschine läuft. Man ist manchmal geneigt

nicht gequält, bevor er die Party für alles erwartet.

Was uns übersteigt, ist die Grausamkeit, die wir haben! Plus den Respekt für die Eingeweide bei der Arbeit oder beim Donné la vie; über les déchire à belles dents, über s'en fait d'horribles festins; Und da die Fureur nicht auf dem Transportweg ist, ist das Plus faible est toujours la proie du plus fort.

Die Großartigkeit, diese Nachahmung von hellen Farben, muss nicht darin enthalten sein, mehr als nur ein paar der verdorbenen Güter zu enthalten, die mit diesen beiden Schritten einhergehen: Sie haben die überflüssigen Komplotte in die Tat umgesetzt ; Die Wirkung einer Person, die gerade so groß ist wie die Natur. Es ist auch so, dass der Vater, diese Geistermatrize, mitten im Körper pervertiert wird.

Quelle autre fureur d'homme or de femme, dans ceux que the continence and the santé poursuivent! Es kann sein, dass diese schüchterne und bescheidene Dame ihr ganzes Leben lang und ganz allein verbringt ; Sie hat keinen Respekt vor der Inzest, die wie eine galante Frau den Erwachsenen respektiert. Wenn dies nicht der Fall ist, werden Sie nicht auf die Aufforderung zur Seelenheilung verzichten müssen, sie werden nicht auf einfache Unfälle einer Gebärmutterleidenschaft, der Manie usw. stoßen; Dieses Malheureuse mourra d'un mal, lass dich nicht von Ärzten behandeln.

Ich glaube nicht, dass Sie den Einfluss sehen können, der aus Ihrem Grund notwendig ist. Es passt zum Fortschritt des Korps, wie

zu sagen, dass die Seele im Magen liegt, und dass Van Helmont14, der sagte, der Sitz der Seele sei im Pylorus, nur den Fehler gemacht hat, den Teil für das Ganze zu halten.

Zu welchen Exzessen kann uns grausamer Hunger führen! Wir achten nicht einmal mehr auf unsere eigenen Eltern und Kinder. Wir zerreißen sie eifrig und veranstalten schreckliche Festmahle daraus; und in der Wut, mit der wir mitgerissen werden, ist der Schwächste immer die Beute des Stärksten ...

Man braucht nur Augen, um den notwendigen Einfluss des Alters auf die Vernunft

zum Beispiel zur Ausbildung. Als schönstes Geschlecht passt es zu der Zartheit des Temperaments: aus dieser Zärtlichkeit, dieser Zuneigung, diesen Gefühlen, der Liebe zu der Leidenschaft, die ihr Dasein verdankt, diesen Vorurteilen, diesem Aberglauben, dieser Stärke des Unternehmers kann es nicht schaden s'effacer, etc. Der Mann, im Gegenteil, nicht sein Herz und die Nerfs, die an der Fermentierung aller soliden Körper beteiligt sind, im Geiste, auch weil die Merkmale seines Gesichts, plus Nervux: die Bildung, nicht manchen les Frauen, fügte ihrem Sohn noch neue Kraftgrade hinzu. Haben Sie in der Natur- und Kunstgeschichte nicht darauf geachtet, dass Sie nicht mehr aufklärerisch, großzügig, ständig in Freundschaft und trotz der Herausforderungen sind ? usw. Aber, direkt vor der Überlegung des Autors der Schriften über die Physionomien, sind die Gnaden des Geists und des Körpers vor all den Gefühlen, die unsere Gefühle und Gefühle hervorrufen, uns nicht beneidenswert Eine doppelte Kraft, die nicht so aussah, als wäre sie ein Mann, der die Reize der Schönheit durchdringen konnte, der andere, der seinen guten Dienst verrichten konnte.

zu erkennen. Die Seele folgt dem Fortschritt des Körpers, ebenso wie dem Fortschritt der Bildung. Beim schwächeren Geschlecht stimmt die Seele auch mit der Zartheit des Temperaments überein, und aus dieser Zartheit ergeben sich Zärtlichkeit, Zuneigung, schnelle Gefühle, die eher auf Leidenschaft als auf Vernunft, Vorurteilen und Aberglauben beruhen, deren starker Einfluss kaum auszulöschen ist. Der Mensch hingegen, dessen Gehirn und Nerven an der Festigkeit aller festen Körper teilhaben, hat nicht nur stärkere Gesichtszüge, sondern auch einen kräftigeren Geist. Bildung, die Frauen fehlt, stärkt seinen Geist noch mehr. Warum sollte ein Mensch mit der Hilfe der Natur und der Kunst nicht dankbarer, großzügiger, beständiger in der Freundschaft und stärker in Widrigkeiten sein? Aber um fast genau dem Gedanken des Autors der „ Lettres sur la Physiognomie “ 15 zu folgen , sollte das Geschlecht, das die Reize des Geistes und des Körpers mit fast allen zartesten und zartesten Gefühlen des Herzens vereint, nicht neidisch sein Wir zeigen uns die beiden Fähigkeiten, die

Es ist nicht unbedingt notwendig, dass dieser Autor einen großen Physiologen hat, um die Qualität des Geistes seiner Figur oder seiner Charaktereigenschaften zu bestimmen, denn sie sind Marken, die sich an einem bestimmten Punkt befinden, und das ist nicht der Fall Es handelt sich um einen Großarzt, der sich mit all seinen offensichtlichen Symptomen auseinandersetzen muss . Untersuchen Sie die Porträts von Locke, de Steele, de Boerhaave, de Maupertuis usw. Sie werden keine überraschenden Punkte finden, wenn sie die Physionomien der Stärken und Kinder von Aigle finden. Erleben Sie eine unendliche Vielfalt an anderen Dingen, Sie zeichnen sich stets durch die Schönheit des Großgeists aus und erinnern gleichzeitig an den Ehrenmann des Fripon. Als Beispiel sei erwähnt, dass ein berühmter Dichter (in seinem Porträt) einen Filou mit dem Feuer der Prométhée ausstrahlte.

dem Menschen offenbar gegeben wurden: die eine lediglich, um ihn in die Lage zu versetzen, die Verlockungen der Schönheit besser zu ergründen, und die andere lediglich, um ihn in die Lage zu versetzen, besser auf ihre Freuden einzugehen.

Es ist ebenso wenig notwendig, ein ebenso großer Physiognomiker wie dieser Autor zu sein, um die Qualität des Geistes anhand des Gesichtsausdrucks oder der Form der Gesichtszüge zu erraten, sofern diese ausreichend ausgeprägt sind, als es notwendig ist, ein großer Arzt zu sein eine Krankheit mit all ihren ausgeprägten Symptomen erkennen. Schauen Sie sich die Porträts von Locke, von Steele, von Boerhaave, 16 von Maupertuis, 17 und den anderen an, und Sie werden nicht überrascht sein, starke Gesichter und Adleraugen zu finden. Schauen Sie sich eine Vielzahl anderer an, und Sie können immer den Mann mit Talent vom Mann mit Genie und oft sogar einen ehrlichen Mann von einem Schurken unterscheiden. Beispielsweise wurde festgestellt, dass ein berühmter Dichter (in seinem Porträt) den Blick

Unsere Geschichte bietet ein denkwürdiges Beispiel der Kraft der Luft. Der berühmte Herzog von Guise wartete darauf, ihn von Heinrich III. zu überzeugen. Als er von den Feinden erwartet wurde, war er nicht der Mörder, der von Blois getrennt wurde. Der Kanzler Chyverni, der seinen Sohn ausbildet, verlässt das Land: *Voilà, ein homme perdu!* Ihre tödliche Vorhersage war vor dem Ereignis gerechtfertigt, weil sie ihre Existenzberechtigung hatte. *Du weißt schon , dass ich den König erobern muss; Es ist von Natur aus gut und même faible; Aber ich beobachtete, dass ich ungeduldig war und in Furcht geriet, als ich kaltblütig war .*

Tel peuple a l'esprit lourd et dumme; tel autre l'a vif, léger, pénétrant. Sie lebten, als sie noch nicht auf einer Party waren, und die Nahrung, die sie brauchten, und die Halbzeit ihrer Eltern, 2 und das Chaos verschiedener Elemente, die in der Unermesslichkeit der Familie herrschten. Luft? Der Esprit eines, wie das Korps, seine

eines Taschendiebes mit dem Feuer des Prometheus kombiniert.

Die Geschichte liefert uns ein bemerkenswertes Beispiel für die Macht der Temperatur. Der berühmte Herzog von Guise war so fest davon überzeugt, dass Heinrich der Dritte, in dessen Macht er so oft gestanden hatte, es niemals wagen würde, ihn zu ermorden, dass er nach Blois ging. Wenn der Kanzler Als Chiverny vom Weggang des Herzogs erfuhr, rief er: „Er ist verloren." Nachdem sich diese fatale Vorhersage durch das Ereignis erfüllt hatte, wurde Chiverny gefragt, warum er es getan habe. „Ich kenne den König seit zwanzig Jahren", sagte er; „Er ist von Natur aus freundlich und sogar ein wenig nachsichtig, aber ich habe bemerkt, dass es bei Kälte überhaupt nichts braucht, um ihn zu provozieren und in Leidenschaft zu versetzen."

Eine Nation ist von schwerem und dummem Witz, eine andere schnell, leicht und durchdringend. Woher kommt dieser Unterschied, wenn nicht zum Teil aus der Verschiedenheit der Nahrungsmittel und der Vererbung, 2 und zum Teil

epidemischen Krankheiten und sein Skorbut.

aus der Mischung der verschiedenen Elemente, die in der Unermesslichkeit der Leere umherschweben? Der Geist hat, genau wie der Körper, ansteckende Krankheiten und Skorbut.

Sagen Sie es dem Reich des Klimas, dass ein Mann, der sich verändert, diese Veränderung missbilligt. Dies ist eine ambulante Pflanze, die auch transplantiert wurde. Wenn das Klima nicht größer ist als ich, ist es genau das Richtige für Sie oder Ihren Liebsten.

Der Einfluss des Klimas ist so groß, dass ein Mensch, der von einem Klima in ein anderes wechselt, die Veränderung trotz seines Willens spürt. Er ist eine wandelnde Pflanze, die sich selbst verpflanzt hat; Wenn das Klima nicht das gleiche ist, wird es sich mit Sicherheit entweder verschlechtern oder verbessern.

Auf dem Weg zu jeder Zugabe von Ceux mit dem, was sie sagen, ihren Gesten, ihren Akzenten usw., weil der Mensch der Bedrohung durch den Putsch nicht zuvorgekommen ist, oder wegen der gleichen Daseinsberechtigung, die das Corps des Zuschauers maschinell nachahmt, Und du bist böse, alle Bewegungen einer guten Pantomime.

Darüber hinaus fangen wir alles von denen ein, mit denen wir in Kontakt kommen; ihre Gesten, ihr Akzent usw.; so wie das Augenlid instinktiv gesenkt wird, wenn ein Schlag erwartet wird, oder wie (aus dem gleichen Grund) der Körper des Zuschauers gegen seinen Willen mechanisch alle Bewegungen eines guten Nachahmers nachahmt. [18]

Dass ich den schrecklichen Beweis erbracht habe, dass das beste Unternehmen für einen Mann mit Esprit, es ist der Sinn, nichts Vergleichbares zu finden ist. Der Esprit ist wie ein roter Faden, bis er den Punkt erreicht hat, den er gerade ausübt: auf der Bühne, auf dem Weg zum Ball, bis er fertig

Aus dem, was ich gerade gesagt habe, folgt, dass ein brillanter Mann seine beste Gesellschaft ist, es sei denn, er findet eine andere Gesellschaft der gleichen Art. In der Gesellschaft der

ist. Ich habe mir vorgenommen, einen intelligenten Mann zu sein, der nicht viel Bildung braucht, weil er ein bisschen klein ist, aber er muss noch mehr Kinder haben. Ein mal geleiteter Geist ist ein Schauspieler, der die Provinz zum Tor bringt.

Die verschiedenen Stände der Armee sind nicht alle mit dem Korps korrespondiert. Aber um diese Abhängigkeit und ihre Ursachen immer wieder zu zerstören, sind wir hier, um die Anatomie zu vergleichen ; ouvrons les entrailles de l'homme et des animaux. Ich möchte die menschliche Natur verstehen, wenn sie nicht durch eine Parallele zwischen der Struktur unseres Hauses und der anderen verklärt wird!

Im Allgemeinen sind die Form und die Zusammensetzung des Vierbeiner-Halses genau auf die gleiche Weise wie der Mann. Même-Figur, Même-Disposition partout; Mit diesem wesentlichen Unterschied besteht der Mensch aus all seinen Tieren, die aus der Masse seines Körpers ein großes Tier sind, und das Tier ist zu groß. Ensuite le singe, le castor, l'eléphant, le chien, le renard, le chat, etc., voilà les animaux qui

Unintelligenten verrostet der Geist aufgrund mangelnder Bewegung, so wie beim Tennis ein schlecht servierter Ball schlecht zurückgegeben wird. Ich würde einen intelligenten Mann ohne Bildung, wenn er noch jung genug wäre, einem Mann mit schlechter Bildung vorziehen. Ein schlecht geschulter Geist ist wie ein Schauspieler, den die Provinzen verwöhnt haben.

Somit korrelieren die verschiedenen Zustände der Seele immer mit denen des Körpers. [12] Aber um diese Abhängigkeit in ihrer Vollständigkeit und ihren Ursachen besser zu zeigen, wollen wir uns hier der vergleichenden Anatomie bedienen; Lasst uns die Organe von Mensch und Tier bloßlegen . Wie kann die menschliche Natur erkannt werden, wenn wir aus einem genauen Vergleich der Struktur von Mensch und Tier kein Licht gewinnen können?

Im Allgemeinen sind die Form und die Struktur der Gehirne von Vierbeinern fast die gleichen wie die des Menschen; überall die gleiche Form, die gleiche Anordnung, mit dem wesentlichen Unterschied, dass der Mensch von allen Tieren das Gehirn ist, das

ressemblent le plus à l'homme; Auto auf Bemerkung aussi chez eux la meme analogie graduée, par rapport au corps calleux, dans lequel Lancisi avait établi le siège de la me, avant feu Mr. de la Peyronnie , quicependant a illustré cette Meinung von einer Erfahrungsgeschichte.

Après tous les quadrupèdes, ce sont les oiseaux qui ont le plus de cerveau. Les Poissons ont la tête grosse; Mais elle est vide de sens, comme celle de bien des hommes. Sie befinden sich nicht am Point de Corps Calleux und sind nicht in der Lage, Insekten zu töten.

am größten und im Verhältnis zu seiner Masse gewundener ist als das Gehirn jedes anderen Tieres; dann kommen der Affe, der Biber, der Elefant, der Hund, der Fuchs, die Katze. Diese Tiere sind dem Menschen am ähnlichsten, denn auch bei ihnen erkennt man die gleiche fortschreitende Analogie in Bezug auf das *Corpus Callosum* , in dem Lancisi – in Vorgriff auf den verstorbenen M. de la Peyronie [20] – den Sitz der Seele festlegte. Letzterer untermauerte die Theorie jedoch durch unzählige Experimente. Nach allen Vierbeinern haben Vögel das größte Gehirn. Fische haben große Köpfe, aber diese sind sinnlos, wie die Köpfe vieler Menschen. Fische haben kein *Corpus callosum* und nur sehr wenig Gehirn, während Insekten überhaupt kein Gehirn haben.

Ich behaupte nicht, dass ich mehr über die Vielfalt der Natur erfahren habe, als dass ich Vermutungen anstellte, denn sie und andere sind unendlich, und ich konnte die Merkmale von Willis, De Cerebro und Anima Brutorum nicht aus *den* Augen *verlieren* .

Ich werde nicht näher auf die Vielfalt der Natur eingehen und auch nicht auf Vermutungen über sie eingehen, denn es gibt unendlich viele von beidem, wie jeder sehen kann, wenn er nicht weiter als die Abhandlungen von Willis „ De Cerebro " und „De

Ich bin zu dem Schluss gekommen, dass diese unanfechtbaren Beobachtungen dem Clairement genügen: 1 oder mehr Tiere, die sich in der Nähe befinden, meine Wenigkeit auf dem Cerveau; 2. Dass diese Eingeweide auf irgendeine Art und Weise im Verhältnis zu ihrer Gehorsamskraft zu wachsen scheinen; 3. Es handelte sich um einen einzigen Zustand, der der Natur auf ewig auferlegt wurde, und der mehr an der Küste des Esprits lag, als auch an der Küste des Instinkts. Lequel l'emporte, de la perte ou du profit?

Ich werde die Schlussfolgerungen ziehen, die sich klar aus diesen unbestreitbaren Beobachtungen ergeben: 1. Je wilder die Tiere sind, desto weniger Gehirn haben sie; 2d, dass dieses Organ im Verhältnis zur Sanftmut des Tieres an Größe zuzunehmen scheint; 3d, dass die Natur hier scheinbar ewig eine einzigartige Bedingung auferlegt, dass man umso mehr an Instinkt verliert, je mehr man an Intelligenz gewinnt. Bringt das Gewinn oder Verlust?

Ich höre nicht auf, im Übrigen habe ich den Anschein, als ob mein Herz ausreichen würde, um den Grad der Gehorsam gegenüber Tieren zu erreichen ; Es stimmt, dass die Qualität auf die Menge ankommt, und dass die Feststoffe und die Flüssigkeiten in diesem Gleichgewicht gehalten werden können, um die Gesundheit zu gewährleisten.

Denken Sie jedoch nicht, dass ich daraus schließen möchte, dass allein die Größe des Gehirns ausreicht, um den Grad der Zahmheit bei Tieren anzuzeigen: Die Qualität muss der Quantität entsprechen, und die festen und flüssigen Stoffe müssen darin enthalten sein das richtige Gleichgewicht, das Gesundheit ausmacht.

Wenn das Getränk nicht über den Tellerrand hinausragt, ist es aufgrund der vorgeschriebenen Bemerkung so, dass sein Magen durch eine zarte Konsistenz, durch Tropf von Mollesse, durch ein Beispiel, geschwächt wird. Es ist das Gleiche von vier ; Die Laster ihres Vaters müssen uns ständig

Wenn es dem Idioten, wie es gewöhnlich beobachtet wird, nicht an Gehirn mangelt, wird es ihm an Konsistenz mangeln – zum Beispiel, weil es zu weich ist. Das Gleiche gilt für

auf die Suche nach unseren Recherchen machen; Aber wenn die Ursachen der Belastung, der Folie usw. nicht vernünftig sind, oder wer sucht nach der Vielfalt unserer Geister? Sie wurden von Luchs und Argus getötet. *Ein Schatz, eine zarte Faser, die sich dafür entschieden hat, dass die subtilere Anatomie nicht entdeckt werden konnte* , aber zwei Söhne von Erasme und Fontenelle, die mich in einem ihrer besten *Dialoge bewunderten* .

Außer der Weichheit des Schweinsmoëlles, in den Kindern, in den kleinen Hunden und in den Oiseaux, bemerkte Willis, dass die Korpskanonen *ausgelöscht* und in all diesen Tieren verfärbt seien, [28] und dass ihre *Stries* nicht nur unparteiisch geformt seien que dans les paralytiques. Ich fügte hinzu, dass es sich um einen Mann handelt, der einen großen Ringvorsprung hat ; Und dann sind sie immer kleiner geworden , der Gesang und die anderen Tiere, die da sind, wie das Weib, das Bœuf, die Loup, der Brebis, der Cochon usw., der diese Seite von einem sehr kleinen Band hat, hier *nattes* et *testes* fort gros.

Seien Sie jedoch diskret und behalten Sie sich die Konsequenzen vor, die diese Beobachtungen und andere Dinge aufgrund der Inkonsistenz von Vaisseaux und Nerfs usw. verursachen könnten: Es kann sein, dass es keine kostenlosen Spiele gibt la Natur. Sie haben mir gezeigt, dass es einer guten und gründlichen Organisation bedarf, die unter der gesamten Herrschaft des

Geisteskranke, und die Defekte ihres Gehirns entgehen unserer Untersuchung nicht immer. Aber wenn die Ursachen für Schwachsinn, Wahnsinn usw. nicht offensichtlich sind, wo sollen wir dann nach den Ursachen für die Verschiedenheit aller Geister suchen? Sie würden den Augen eines Luchses und eines Argus entgehen. Ein bloßes Nichts, eine winzige Faser , etwas, das selbst die zarteste Anatomie niemals finden könnte, hätte aus Erasmus und Fontenelle [22] zwei Idioten gemacht, und Fontenelle selbst spricht in einem seiner besten Dialoge von genau dieser Tatsache.

Willis hat zusätzlich zu der Weichheit der Gehirnsubstanz bei Kindern, Welpen und Vögeln bemerkt, dass die *Corpora striata* bei all diesen Tieren ausgelöscht und verfärbt sind und dass die Streifen ebenso unvollkommen geformt sind wie bei Gelähmten ...

So vorsichtig und zurückhaltend man auch hinsichtlich der Konsequenzen sein mag, die sich aus diesen Beobachtungen und aus vielen anderen hinsichtlich der Art der Variation in den Organen, Nerven usw.

Tieres steht, sich dem Korps anschließt, die Kraft erwirbt und die Kräfte ausübt.

ableiten lassen, [man muss zugeben, dass] so viele verschiedene Varianten nicht möglich sind unentgeltliches Spiel der Natur. Sie beweisen zumindest die Notwendigkeit einer guten und kräftigen physischen Organisation, denn im gesamten Tierreich gewinnt die Seele zusammen mit dem Körper an Kraft und gewinnt an Scharfsinn, während der Körper an Stärke gewinnt.

Denken Sie daran, die unterschiedliche Haltung der Tiere zu betrachten. Ohne die Analogie zu verstehen, leiten meine Freunde den Geistesgeist, den die Gründe, die wir nicht hatten, erwähnen konnten, die ganze Diversität hervorbringen, die wir zwischen uns und uns fanden, weil wir es nicht schaffen konnten, weil wir keine gute Absicht hatten, und aus Beobachtungen das Beste herausbrachten Im Großen und Ganzen können Sie sich die Pfandrechte nicht ansehen, die zwischen Ursache und Wirkung herrschen. Es ist ein Sinn für *Harmonie* , den die Philosophen nicht kennen.

Lassen Sie uns innehalten und über die unterschiedliche Lernfähigkeit von Tieren nachdenken. Zweifellos verleitet die am besten formulierte Analogie den Geist zu der Annahme, dass die von uns erwähnten Ursachen den gesamten Unterschied zwischen Tieren und Menschen hervorrufen, obwohl wir zugeben müssen, dass unser schwacher Verstand, der auf die gröbsten Beobachtungen beschränkt ist, die bestehenden Bindungen nicht erkennen kann zwischen Ursache und Wirkung. Dies ist eine Art Harmonie, die Philosophen nie kennen werden.

Parmi les animaux, les uns apprennent à parler et à chanter; Sie hielten die Luft zurück und stellten allen die höchste

Unter den Tieren lernen manche sprechen und singen; Sie merken sich

Genauigkeit eines Musikers entgegen. Die anderen, denen ich mehr Mut beigebracht habe, sagen, dass sie nicht in der Nähe sind. Warum ist das nicht ein Problem mit den Bewährungshelfern ?

Mais ce vice est-il tellement de konformation, | 29 | Was kann ich noch tun ? Und es ist absolut unmöglich, eine Sprache mit diesem Tier zu lernen? Je ne le crois pas.

Melodien und schlagen die Noten so genau an wie ein Musiker. Andere, zum Beispiel der Affe, zeigen mehr Intelligenz und können dennoch keine Musik lernen. Was ist der Grund dafür außer einem Defekt in den Sprachorganen? Aber ist dieser Defekt so wesentlich für die Struktur, dass er nie behoben werden könnte? Mit einem Wort: Wäre es absolut unmöglich, dem Affen eine Sprache beizubringen? [23] Das glaube ich nicht.

Ich glaube, dass die große Einzelperson allen anderen Vorzug gibt, nur weil der Hasard, den wir haben, herausgefunden hat, was ein anderer Geist und etwas Ähnliches sind, kann er sich nicht wehren, wenn er in den Regionen ist, in denen wir keine Verbindung haben. Dieses Tier ähnelt uns sehr, denn Naturforscher nennen es „ *wilden Menschen* " oder „*Holzmenschen*". Ich arbeite unter den Bedingungen der Umweltschützer von Amman; c'est-à-dire, que je voudrais qu'il ne fût ni trop june ni trop vieux; Die Menschen, die uns in Europa zugeteilt haben, sind seit jeher gemeinschaftlich. Ich wähle diejenige, die die spirituelle Physionomie ausstrahlt, und stelle mir die Zeit in tausend kleinen Operationen vor, die ich verspreche. Endlich, ich finde nicht, dass ich es als Gouverneur würdige, ich werde an der Schule von dem exzellenten Maître empfangen, den ich berufen habe, oder von einem anderen Aussi-Begabten, das ist es.

Ich würde einem großen Affen den Vorzug vor allen anderen geben, bis durch irgendein Glück eine andere Art entdeckt wird, die uns ähnlicher ist, denn nichts hindert die Existenz eines solchen Affen in uns unbekannten Regionen. Der Affe ähnelt uns so sehr, dass Naturforscher ihn „wilder Mann" oder „Mann des Waldes" nennen. Ich sollte es im Zustand der Schüler von Amman annehmen, [24] das heißt, ich sollte nicht wollen, dass es zu jung oder zu alt ist; Denn Affen, die nach Europa gebracht werden, sind meist zu alt. Ich würde dasjenige mit dem intelligentesten Gesicht wählen und dasjenige, das in tausendfacher Hinsicht

Sie sparen sich das Buch von Amman und alle drei , die Sie mit der Methode übersetzt haben, alle Wunder, die Sie auf den Spuren der Entstehung erwartet haben, in den folgenden Schritten, wie es später geschah , trouvé des oreilles; Und in einer Kombination aus Zeit und Zeit kann sie sich unterhalten, unterhalten, lesen und schreiben. Ich weiß, dass ein klarer, klarer und intelligenter Mensch nicht in der Lage ist, aus dem Grund, warum ein Mitglied oder ein Gefühl die Kraft oder Durchdringung verstärken kann. ein anderes: Aber es war nur ein einziges Mal und meinte; Ich begreife, was ich meine, und was ich sage; Ich bin überzeugt davon, dass die Zeichen, die ich gemacht habe, als alles andere angesehen werden, | 30 | oder alle anderen Übungen, ich weiß nicht, dass es den Jüngern von Amman nicht wichtig ist. Warum ist die Ausbildung der Sänger unmöglich? Warum ist das nicht gelungen, mit Kraft, Nachahmung, am Beispiel der Sauer, müssen die zum Aussprechen nötigen Kräfte vorhanden sein? Ich entscheide mich nicht, ob die Bewährungsorgane für eine Person möglicherweise nicht in Frage kommen, ob ich schon einen Artikel geschrieben habe; Aber diese Unmöglichkeit hat mich absolut überzeugt,

seinem intelligenten Aussehen am besten gerecht wird. Da ich mich schließlich nicht für würdig halte, sein Meister zu sein, sollte ich ihn in die Schule dieses hervorragenden Lehrers schicken, den ich gerade genannt habe, oder in die Schule eines anderen ebenso geschickten Lehrers , falls es einen gibt.

Sie wissen durch Ammans Arbeit und durch alle drei , die seine Methode interpretiert haben, welche Wunder er für die taub Geborenen vollbringen konnte. In ihren Augen entdeckte er Ohren, wie er selbst erklärt, und in wie kurzer Zeit! Kurz gesagt , er brachte ihnen das Hören, Sprechen, Lesen und Schreiben bei. Ich gebe zu, dass die Augen eines gehörlosen Menschen klarer und schärfer sehen, als wenn er nicht taub wäre, denn der Verlust eines Glieds oder Sinnes kann die Stärke oder Schärfe eines anderen erhöhen, aber Affen sehen und hören, sie verstehen, was sie hören und sehen , und begreifen die Zeichen, die ihnen gemacht werden, so perfekt, dass ich nicht bezweifle, dass sie die Schüler von Amman in jedem anderen Spiel oder jeder anderen Übung

wegen der großen Analogie zwischen Mensch und Mensch, und wenn das Tier nicht gerade da ist, lasst es mich nicht wissen und hat nichts damit zu tun, als würde es einem Menschen schaden Si frappante. Mr. Locke, ich bin mir sicher, dass ich nicht glaubwürdig bin und dass es mir nicht schwerfällt, die Geschichte zu verstehen, die der Chevalier Temple in seinen Memoiren hinterlassen hat. Um einen besonderen Gesprächsraum zu haben. Ich weiß, dass es mindestens 4 dieser großen Metaphysik ist; Aber ich habe gerade an der Universität angekündigt, dass die Generationen, die ohne Männer und ohne Frauen arbeiten, einen großen Partisanen-Coup gefunden haben? Halten Sie Mr. Trembley für eine Entdeckung, die ohne Begleitung ist, und durch den eigenen Abschnitt. Amman hat es noch nicht geschafft, weil es einen Vorteil hat, bevor es eine gute Zeit hat, Erfahrung zu sammeln, zu lernen, und auch nur für kurze Zeit, die Kinder sagen, was sie sagen ? Obwohl er dem Universum erfolgreich war, und wie der Autor der Geschichte des Polypes, ging er in die Unsterblichkeit über. Um die Wunder zu vollbringen, die er zu bieten hatte, musste ich mich darauf verlassen, dass er die Wunder vollbrachte, die er brauchte. Ich habe die Kunst gefunden, das Schöne an der Herrschaft zu verschönern, und die Leute, die Vollkommenheit an den Tag legen, ohne | 31] zu sein, sind nicht in der Lage, von einem Konstrukteur leichtfertiger Systeme heimgesucht zu werden, oder? Ein Autorenlaboratorium für sterile Materialien wurde entdeckt. Celles d'Amman ist ein weiterer Preis; Es ermüdet die Männer des Instinkts, weil sie scheinbar verurteilt werden; Sie hat ihre Ideen, ihren Geist, ihre Leidenschaft und ihr Leben in sich vereint, übertreffen würden. Warum sollte die Erziehung von Affen dann unmöglich sein? Warum gelang es dem Affen nicht endlich mit großen Anstrengungen, nach der Art von Taubstummen, die für die Aussprache notwendigen Bewegungen nachzuahmen? Ich wage nicht zu entscheiden, ob die Sprachorgane des Affen, wie trainiert sie auch sein mögen, unfähig zur Artikulation wären. Aber aufgrund der großen Analogie zwischen Affen und Menschen [25] und weil es kein bekanntes Tier gibt, dessen äußere und innere Organe denen des Menschen so auffallend ähneln, würde es mich überraschen, wenn dem Affen das Sprechen absolut unmöglich wäre. Locke, der sicherlich nie der Leichtgläubigkeit verdächtigt wurde, hatte keine Schwierigkeiten, die Geschichte zu glauben, die Sir William Temple[26] [in] seinen Memoiren erzählte, von einem Papagei, der rational antworten konnte und der gelernt hatte, eine Art zusammenhängendes Gespräch zu führen, so wie wir Tun. Ich weiß, dass die Leute diesen großen Metaphysiker lächerlich gemacht haben ; aber angenommen, jemand hätte

und es gibt nichts, was sie brauchen . Quel plus grand pouvoir!

verkünden sollen, dass die Fortpflanzung manchmal ohne Eier oder ein Weibchen erfolgt, hätte er dann viele Anhänger gefunden? Dennoch hat M. Trembley [27] Fälle gefunden, in denen die Fortpflanzung ohne Kopulation und durch Teilung erfolgt. Wäre Amman nicht auch für verrückt gehalten worden, wenn er geprahlt hätte, dass er Gelehrte wie den seinen in so kurzer Zeit ausbilden konnte, bevor er das Kunststück glücklich vollbracht hatte? Seine Erfolge haben jedoch die Welt in Erstaunen versetzt; und er ist, wie der Autor von „Die Geschichte der Polypen", mit einem Schlag zur Unsterblichkeit aufgestiegen. Wer die Wunder, die er vollbringt, seinem eigenen Genie verdankt, übertrifft meiner Meinung nach den, der seine Wunder dem Zufall verdankt. Wer die Kunst entdeckt hat, das schönste Reich [der Natur] zu schmücken und ihm Vollkommenheiten zu verleihen, die es nicht hatte, sollte höher eingestuft werden als ein müßiger Schöpfer leichtfertiger Systeme oder ein sorgfältiger Autor unfruchtbarer Entdeckungen. Ammans

Ne Bornons weisen auf die Ressourcen der Natur hin; Sie sind unendlich und werden von einer großen Kunst unterstützt.

La meme mecanique, qui ouvre the Canal d'Eustachi in the sourds, nicht pourrait-il le déboucher dans les singes? Ein Mann, der die Aussprache des Chefs nachahmt, darf ihn nicht in die Freiheit der Bewährungsorgane bringen, in den Tieren, die andere Zeichen nachahmen, mit Adresse und Geheimdienst ? Ich konnte mir nicht vorstellen, dass ich eine abgeschlossene Erfahrung zitieren würde, und beschloss, mein Projekt unmöglich und lächerlich zu machen; Aber die Ähnlichkeit der Struktur und der Funktionsweise einer Person besteht darin, dass ich nicht unbedingt darauf achten muss, ob ich dieses Tier trainiert habe, sondern dass ich nie gelernt habe, wie man spricht, und deshalb eine Sprache beherrscht. Das bedeutet, dass es nicht mehr ein echter Mann ist, kein männlicher Mann : Es ist ein parfaiter Mann, ein kleiner Mann aus der Stadt, mit der Kraft oder den Muskeln, die wir haben, um daran zu denken und von meiner Ausbildung zu profitieren.

Entdeckungen sind sicherlich von viel größerem Wert; Er hat die Menschen von dem Instinkt befreit, zu dem sie verdammt zu sein schienen, und hat ihnen Ideen, Intelligenz oder, mit einem Wort, eine Seele gegeben, die sie nie gehabt hätten. Was für eine größere Macht als diese!

Beschränken wir die Ressourcen der Natur nicht; Sie sind unendlich, besonders wenn sie durch großartige Kunst verstärkt werden.

Könnte das Gerät, das den Eustachischen Kanal der Tauben öffnet, nicht auch den der Affen öffnen? Könnte der glückliche Wunsch, die Aussprache des Meisters nachzuahmen, nicht die Sprachorgane von Tieren befreien, die so viele andere Zeichen mit so viel Geschick und Intelligenz imitieren? Ich fordere nicht nur niemanden heraus , ein wirklich schlüssiges Experiment zu nennen, das meine Ansicht als unmöglich und absurd erweist; Aber die Struktur und die Funktionen des Affen sind der unseren so ähnlich, dass ich sehr wenig Zweifel daran habe, dass dieses Tier, wenn es richtig trainiert würde , endlich lernen könnte, eine Sprache

Aus menschlichen Tieren ist der Übergang nicht gewalttätig; Les vrais philosophes en conviendront. Was war der Mensch vor der Erfindung der Tiere und der Kenntnis der Sprachen? Ein Tier aus seinem Geist, das mit viel mehr natürlichem Instinkt als die anderen ausgestattet ist, will nicht, dass es sein eigenes Tier ist, und zeichnet sich durch ein einziges Tier und andere Tiere aus [32], die es mir leicht machen . zu singen ; Ich hatte Angst vor einer Physionomie, die ich mit mehr Urteilsvermögen ankündigte. Réduit à la seule *intuitive connaissance* des Leibnizens, il ne reise, die figuren und farben, ohne dass sie unterscheiden zwischen ; Als Kind, als Kind bis ins hohe Alter, wird es mit seinen Empfindungen und seinen Wünschen vertraut gemacht, wie mit einem geliebten Hund, oder mit langwierigen Ruhepausen, in der Krippe oder auf dem Weg dorthin.

auszusprechen und folglich zu beherrschen. Dann wäre er weder ein wilder noch ein mangelhafter Mann mehr, sondern ein perfekter Mann, ein kleiner Gentleman mit so viel Substanz oder Muskeln wie wir, der denken und von seiner Bildung profitieren kann.

Der Übergang vom Tier zum Menschen ist nicht gewaltsam, wie wahre Philosophen zugeben werden. Was war der Mensch vor der Erfindung der Wörter und der Sprachkenntnisse? 28 Ein Tier seiner eigenen Art mit viel weniger Instinkt als die anderen. Damals betrachtete er sich weder als König über die anderen Tiere, noch unterschied er sich vom Affen und von den anderen, es sei denn, der Affe selbst unterschied sich von den anderen Tieren, d . h . h., durch ein intelligenteres Gesicht. Auf das bloße intuitive Wissen der Leibnizianer reduziert, sah er nur Formen und Farben, ohne sie unterscheiden zu können: derselbe, alt wie jung, Kind in jedem Alter, er lispelte seine Empfindungen und seine Bedürfnisse, das heißt als Hund hungrig oder müde vom Schlafen, bittet um etwas zu essen oder um einen Spaziergang.

Les mots, les langues, les lois, les sciences, les beaux-arts sont venus; Und für uns ist der rohe Diamant unseres Esprits und unseres politischen Lebens unerlässlich. Auf einem dressé un homme, comme un animal; Es ist ein Autor, wie Portefaix. Ein Geometriegerät, das den Demonstrationen und Berechnungen mehr Schwierigkeiten beimisst, als ein einziger Mensch oder mit einem kleinen Kerl, und es auf seinem fügsamen Hund zu montieren. Tout s'est fait par les signes; Jeder, der das versteht, ist, was er versteht: Und das ist die Art und Weise, wie Männer *die symbolische Wissenschaft erwerben* , die wir auch von unseren Philosophien aus Deutschland erhalten haben.

Worte, Sprachen, Gesetze, Wissenschaften und die schönen Künste sind gekommen, und durch sie wurde schließlich der Rohdiamant unseres Geistes geschliffen. Der Mensch wurde auf die gleiche Weise trainiert wie Tiere. Er ist zum Autor geworden, so wie sie zu Lasttieren wurden. Ein Geometer hat gelernt, die schwierigsten Demonstrationen und Berechnungen durchzuführen, so wie ein Affe gelernt hat, sein Hütchen ab- und aufzusetzen und auf seinen zahmen Hund zu steigen. Alles wurde durch Zeichen erreicht, jede Art hat gelernt, was sie verstehen konnte, und auf diese Weise haben sich die Menschen symbolisches Wissen angeeignet, das von unseren deutschen Philosophen noch immer so genannt wird.

Das ist einfach, denn Sie wissen, dass es die Mechanik unserer Bildung ist! Alles, was ich von meinen Söhnen oder von ihnen erwartete, war, dass die Gefährtin eines Passagiers durch die Erzglut des anderen in der Nähe ihres Vaters von den Soldaten des Korps empfangen wurde Die Signes Arbitaires.

Nichts ist, wie jeder sehen kann, so einfach wie der Mechanismus unserer Erziehung. Alles kann auf Geräusche oder Worte reduziert werden, die aus dem Mund des einen durch die Ohren des anderen in sein Gehirn gelangen. Gleichzeitig nimmt er durch seine Augen die Form der Körper wahr, deren

Was spricht mit dem Premierminister? War er der erste Meister des menschlichen Genres ? Haben Sie sich die Möglichkeit ausgedacht, die Treue unserer Organisation zu steigern ? Je n'en sais rien; Der Name dieses Tages und die ersten Geister vergingen in der Nacht der Zeit. Mais l'art est le fils de la nature; elle a dû longtemps le precéder. [ ]

Auf der Frage, ob die Menschen ihre Organisatoren sind, wer die Aura der Natur als gut empfunden hat, hat die anderen nicht instruiert. Sie können zum Beispiel ein neues Erlebnis hervorbringen, das neue Sensationen hervorbringt und aus verschiedenen schönen Objekten besteht, die das bezaubernde Naturschauspiel ermöglichen, ohne dass sie im Inneren des Hauses hinter Chartres und der großen Fontenelle auftauchen Als der Premier seine Geschichte schrieb, wurde er für die Premiere unter Quarantäne gestellt und der Klang der Cloches stieg.

willkürliche Zeichen diese Worte sind.

Aber wer sprach als Erster? Wer war der erste Lehrer der Menschheit? Wer hat die Möglichkeit erfunden, die Plastizität unseres Organismus zu nutzen? Ich kann nicht antworten: Die Namen dieser ersten großartigen Genies sind in der Nacht der Zeit verloren gegangen. Aber Kunst ist ein Kind der Natur, also muss die Natur ihr schon lange vorausgegangen sein.

Wir müssen davon ausgehen, dass die Menschen, die am besten organisiert waren und denen die Natur ihre reichsten Gaben geschenkt hatte, die anderen lehrten. Sie hätten zum Beispiel weder einen neuen Ton hören noch neue Empfindungen erleben können noch von all den vielfältigen und schönen Objekten beeindruckt sein können, die das hinreißende Schauspiel der Natur ausmachen, ohne sich in der Geistesverfassung des tauben Mannes von Chartres wiederzufinden, dessen Erfahrung wurde erstmals von dem großen Fontenelle erzählt, [29] als er mit vierzig Jahren zum ersten Mal den erstaunlichen Klang von Glocken hörte.

Es scheint absurd, dass dieser erste Aufsatz über die Art und Weise, wie er hier lebt, oder in der Zelle von Tieren und Tieren (mit Ausnahme von Tieren) geschrieben wird, seine neuen Gefühle durch wirtschaftsabhängige Bewegungen zum Ausdruck bringt Was ist ihre Fantasie und die daraus resultierende Konsequenz ihrer spontanen Söhne zu jedem Tier ? Ein Auto ohne Zweifel, dass die Natur ein Gefühl von Extraexquisit hat, aber auch eine Erleichterung für den Ausdruck bietet.

Wäre es absurd, daraus zu schließen, dass die ersten Sterblichen nach der Art dieses tauben Mannes oder wie Tiere und wie Stumme (eine andere Art von Tieren) versuchten, ihre neuen Gefühle durch Bewegungen auszudrücken, die von der Natur ihrer Vorstellungskraft abhingen? also hinterher durch spontane Laute, die für jedes Tier charakteristisch sind, als natürlicher Ausdruck ihrer Überraschung, ihrer Freude, ihrer Ekstasen und ihrer Bedürfnisse? Denn zweifellos hatten diejenigen, denen die Natur ein feineres Gefühl verlieh, auch eine größere Ausdrucksfähigkeit.

Voilà, ich weiß, dass die Männer ihr Gefühl oder ihren Instinkt einsetzen, um ihren Geist zu beherrschen, und schließlich ihren Geist für ihre Kenntnisse einsetzen. Voilà par quels moyens, autant que je puis les saisir, on s'est remple the cerveau of idees, pour le rézeption des ursprungs der Natur, die sie formen. On s'est assisté l'un par l'autre; Und die meisten kleinen Anfänge werden von Zeit zu Zeit großartig, alle Studienteilnehmer können sich leicht von einem Kreis unterscheiden.

Das ist meiner Meinung nach die Art und Weise, wie Menschen ihr Gefühl und ihren Instinkt genutzt haben, um Intelligenz zu erlangen, und dann ihre Intelligenz genutzt haben, um Wissen zu erlangen. Das sind, soweit ich sie verstehen kann, die Art und Weise, wie Menschen das Gehirn mit den Ideen gefüllt haben, für deren Aufnahme die Natur es geschaffen hat. Natur und Mensch haben einander geholfen; und die kleinsten Anfänge haben sich nach und nach vergrößert, bis alles im Universum so

Wie ein Geigenseil oder ein Tastendruck, zerreißt es einen Sohn, die Halsbänder, | 34 | frappées par les rayons sonores, Ich bin begeistert, sie zu erneuern oder die Mots, die ich berühre, wiederzuerlangen. Aber es ist die Konstruktion dieses Gesichts, die eine gute Form für die Optik hat, um die Malerei der Objekte zu erreichen. Der Hals kann nicht in der Lage sein, ihre Bilder und ihre Unterschiede zu sehen: von mir, von ihnen Die Zeichen dieser Unterschiede auf der Marke, oder im Herzen, ich musste die Beziehungen prüfen; Prüfungen, die ich ohne die Entdeckung der Zeichen oder die Erfindung der Sprachen unmöglich machen kann. In dieser Zeit war die Welt schon bald fertig, ich war mit dem Schutz aller unserer Objekte beschäftigt, wie ein Mann, der keine Proportionen hatte, ein Bild oder ein Stück Skulptur betrachtete: es war nichts . y pourrait rien distinguer; Wenn Sie ein kleines Kind sind (obwohl es sich in seinem Zimmer aufhält), das Sie in einer bestimmten Anzahl von kleinen Pailletten oder Holz bewohnen, haben Sie im Allgemeinen eine vage und oberflächliche Sicht, ohne Computerkenntnisse ni les distinguer. Aber ich hatte einen besonderen Platz im Pavillon oder auf dem Gelände, an diesem Stück Holz, zum Beispiel, als ich Berufung einlegte, war ich an einem anderen Ort als einem anderen Korps . Der erste Veranstaltungsort wird von der Unterschrift 1 und der zweite von der Unterschrift oder dem Namen 2 benannt; Als Kind lernte er den Computer und lernte zusätzlich die gesamte Arithmetik. Dass eine Person, die sie kennengelernt hat, durch eine andere Person eine Nummer erhalten hat , ist unentschlossen, dass es sich um zwei einfach als Kreis beschrieben werden konnte.

So wie eine Geigensaite oder eine Cembalotaste vibriert und Töne von sich gibt, so werden die Gehirnfasern , die von Klangwellen getroffen werden, dazu angeregt, die Worte, die sie berühren, wiederzugeben oder zu wiederholen. Und da die Struktur des Gehirns so ist, dass das Gehirn nicht umhin kann , deren Bilder und Unterschiede zu erkennen , wenn gut zum Sehen ausgebildete Augen einmal das Bild von Objekten wahrgenommen haben, so ist es auch, wenn die Zeichen dieser Unterschiede aufgespürt oder eingeprägt wurden Das Gehirn, die Seele untersucht notwendigerweise ihre Beziehungen – eine Untersuchung, die ohne die Entdeckung von Zeichen oder die Erfindung der Sprache unmöglich gewesen wäre. Zu der Zeit, als das Universum fast stumm war, verhielt sich die Seele gegenüber allen Objekten wie ein Mensch ohne Vorstellung von der Proportion gegenüber einem Bild oder einer Skulptur, in der er nichts erkennen konnte; oder die Seele war wie ein kleines Kind (denn die Seele steckte

unterschiedliche Körper handelt; que 1 und 1 Schriftart deux, que 2 und 2 Schriftart 4, 5 usw.

damals noch in den Kinderschuhen), das kleine Stroh- oder Holzstücke in der Hand hält und sie auf vage und oberflächliche Weise sieht, ohne sie zählen oder unterscheiden zu können. Aber lassen Sie jemanden Befestigen Sie eine Art Banner oder Standarte an diesem Stück Holz (das vielleicht Mast genannt wird) und ein weiteres Banner an einem anderen ähnlichen Gegenstand. Lassen Sie das erste durch das Symbol 1 und das zweite durch das Symbol oder die Zahl 2 erkennen, dann wird das Kind in der Lage sein, die Gegenstände zu zählen, und auf diese Weise wird es die gesamte Arithmetik lernen. Sobald eine Figur einer anderen in ihrem Zahlenzeichen gleich erscheint, wird er ohne Schwierigkeiten entscheiden, dass es sich um zwei verschiedene Körper handelt, dass $1 + 1$ 2 ergibt und $2 + 2$ 4, 5 usw. ergibt .

Diese Ähnlichkeit ist offensichtlich, oder offensichtlich, der [35] Figuren, die die Grundlage aller wahren Werte und aller unserer Kenntnisse bildet, es ist offensichtlich, dass die Zeichen nicht weniger einfach sind und dass nur wenige vernünftige Probleme zu erwarten sind Ich lerne die anderen kennen, denn sie verlangen mehr als genug von Geist, um

Diese reale oder scheinbare Ähnlichkeit von Figuren ist die grundlegende Grundlage aller Wahrheiten und unseres Wissens. Unter diesen Wissenschaften sind offensichtlich diejenigen, deren Zeichen weniger einfach und weniger sinnvoll

diese enorme Menge an Wissen aus den Wissenschaften zu vereinen. Ich versuche nicht, die Vorteile ihres Ressorts auszuprobieren: Außerdem sind die Wissenschaften, die von Chiffres angekündigt werden, outres petits signes, s'apprennent facilement; Dies ist ohne Zweifel so einfach, dass ich das Vermögen der Algebra-Rechner kennengelernt habe, und dazu noch ihre Beweise.

Soweit wir wissen, entlüften wir nicht den Ballon, den wir von unseren Anhängern tragen, es gibt keine große Menge an Motiven und Figuren, die bis zum Schluss alle Spuren von den Quellen unserer Unterscheidungen hinterlassen und wir uns von den Objekten trennen . Alle unsere Ideen sind aufschlussreich, wie zum Beispiel ein Gartenbesitzer, der die Pflanzen kennt und alle seine Phasen in allen seinen Aspekten berücksichtigen muss. Diese Motive und Figuren, die von euch entworfen wurden, sind mit dem Hals verbunden, und sie sind selten geworden, weil man sich vorstellen kann, dass man sie ohne Namen oder Unterschrift gewählt hat, die ihr beigefügt seid .

sind, schwerer zu verstehen als die anderen, weil mehr Talent erforderlich ist, um die immense Anzahl von Wörtern zu verstehen und zu kombinieren, mit denen diese Wissenschaften die Wahrheiten in ihrem Fachgebiet ausdrücken. Andererseits sind die Wissenschaften, die durch Zahlen oder andere kleine Zeichen ausgedrückt werden, leicht zu erlernen; und ohne Zweifel hat diese Leichtigkeit und nicht ihre Beweisbarkeit den Reichtum der Algebra ausgemacht.

All dieses Wissen, mit dem die Eitelkeit die ballonartigen Gehirne unserer stolzen Pedanten füllt, ist daher nur eine riesige Masse von Wörtern und Figuren, die im Gehirn alle Merkmale bilden, durch die wir Gegenstände unterscheiden und uns daran erinnern. Alle unsere Ideen werden auf die Art und Weise geweckt, wie der Gärtner, der Pflanzen kennt, sich beim Anblick aller Pflanzen an alle Stadien ihres Wachstums erinnert. Diese Wörter und die durch sie bezeichneten Objekte sind im Gehirn so miteinander verbunden, dass es vergleichsweise selten vorkommt, sich eine Sache ohne den damit

Ich gehöre dir zu jeder Zeit meiner *Vorstellungskraft* , denn ich bin bereit, alles vorzustellen, und alle Parteien der Welt können sich nur auf die eigene Vorstellungskraft beschränken, die alle bilden; Und weil das Urteil, die Existenzberechtigung, die Erinnerung nicht darin bestand, dass die Parteien absolut nichtig waren, mehr als tatsächliche Änderungen dieser besonderen Arbeitskraft, auf der Quelle der Gegenstände, die in dem Augenblick *versenkt* wurden, wie von Eine magische Laterne. |
36 |

Aber es ist ein wunderbares und unverständliches Ergebnis der Organisation des Cerveau; Wenn Sie von der Vorstellungskraft überzeugt sind, müssen Sie alles erklären. Was ist der Unterschied zwischen dem sensiblen Prinzip, das der Mensch denkt? Gibt es keinen Widerspruch zwischen den Anhängern der Einfachheit des Geistes? Ich habe mich entschieden, sie nicht mehr zu teilen, ohne Absurdität, als unteilbar anzusehen. Voilà, wir leiten den Sprachgebrauch und die Verwendung dieser großen Motive, *der Spiritualität* , *der Immaterialität* usw., an allen Orten, ohne Absicht, auch von Geistern.

verbundenen Namen oder Zeichen vorzustellen.

Ich verwende immer das Wort „vorstellen", weil ich denke, dass alles das Werk der Vorstellungskraft ist und dass alle Fähigkeiten der Seele korrekt auf die reine Vorstellungskraft reduziert werden können, in der sie alle bestehen. [30] Somit sind Urteilsvermögen, Vernunft und Gedächtnis keine absoluten Teile der Seele, sondern lediglich Modifikationen dieser Art von Markschirm, auf den Bilder der im Auge gemalten Objekte wie von einer magischen Laterne projiziert werden.

Aber wenn dies das wunderbare und unverständliche Ergebnis der Struktur des Gehirns ist, wenn alles durch die Vorstellungskraft wahrgenommen und erklärt wird, warum sollten wir dann das sensible Prinzip, das im Menschen denkt, teilen? Ist das nicht ein klarer Widerspruch bei den Verfechtern der Einfachheit des Geistes? Denn eine Sache, die geteilt ist, kann nicht mehr ohne Absurdität als unteilbar angesehen werden. Sehen Sie, wozu Sie durch den Missbrauch der Sprache und durch diese schönen Worte

Es ist einfacher, ein System zu testen, das sich auf die innere Stimmung und die eigene Erfahrung jedes Einzelnen auswirkt. Die Vorstellungskraft, oder dieser fantastische Teil von Cerveau, ist die Natur, die wir haben, auch nicht in der Lage, sie zu beherrschen, ist sie von Natur aus zierlich, oder fabelhaft? Die Aura à peine ist die Kraft, die Analogie oder die Ähnlichkeit ihrer Ideen zu vergleichen; elle ne pourra voir que qui sera vis-à-vis d'elle, ou ce qui l'affectera le plus vivement; et encore de quelle manière! Heute ist es jedoch so, dass die Fantasie beim Apéro entsteht; Das ist es, was alle Gegenstände, einschließlich der Motive und Figuren, die ihre Merkmale darstellen, darstellt. Und wenn es noch eine weitere Person gibt, die es ist, können wir alle unsere Rollen übernehmen. Par elle, par son pinceau flatteur, le froid squelette de la raison prend deschairs vives et vermeilles; von den blühenden Wissenschaften, den verschönernden Künsten, den parlenten Wäldern, den souveränen Echos, den plündernden Rochern, dem atemenden Marmor, allen anderen, die das unbelebte Korps sehen. Dies ist die Zugabe, die der Zärtlichkeit eines verliebten Herzens den pikanten Reiz der Wollust anhängt ; elle la fait germer | ³⁷ | dans le Cabinet du Philosophe, et du Pédant Poudreux; Sie bilden die Gelehrten wie die Redner und Dichter . Sie wurde von uns geschätzt, die Eitelkeit wurde von den Anderen unterschieden, wir alle kamen nicht weiter, sie marschierten nicht nur nach der Suite der

(Spiritualität, Immaterialität usw.) gebracht werden, die willkürlich verwendet werden und selbst von den brillantesten Menschen nicht verstanden werden. ³¹

Nichts ist einfacher, als ein System zu beweisen, das wie dieses auf dem intimen Gefühl und der persönlichen Erfahrung jedes Einzelnen basiert. Wenn die Vorstellungskraft oder, sagen wir, dieser fantastische Teil des Gehirns, dessen Natur uns ebenso unbekannt ist wie seine Handlungsweise, von Natur aus klein oder schwach ist, wird sie kaum in der Lage sein, die Analogie oder Ähnlichkeit ihrer Ideen zu vergleichen , wird es nur das sehen können, was ihm gegenübersteht oder was es sehr stark beeinflusst; und wie wird es das alles sehen! Dennoch ist es immer die Einbildungskraft, die wahrnimmt, und die Einbildungskraft, die sich alle Gegenstände zusammen mit ihren Namen und Symbolen vorstellt; und somit ist die Vorstellungskraft wiederum die Seele, da sie alle Rollen der Seele spielt. Durch die Vorstellungskraft, durch ihren schmeichelnden Pinsel nimmt das kalte Skelett der Vernunft lebendiges und

Gnaden und der schönen Künste , sie ließen sich nicht nur von der Natur leiten, sie konnten auch die Messung durchführen. Elle raisonne, juge, pénètre, vergleichen, approfondit. Möchten Sie, dass Sie die Schönheiten der Bilder sehen, die sie verfolgt, ohne die Rapporte zu enthüllen? Nicht; Sie kann nicht auf die Freuden der Sinne antworten, ohne die Vollkommenheit oder die Wollust zu genießen, sie kann sich nicht darüber im Klaren sein, was sie für eine mechanische Wirkung hat, ohne dass sie mir dabei hilft.

rötliches Fleisch an, durch die Vorstellungskraft gedeihen die Wissenschaften, die Künste werden geschmückt, der Wald spricht, die Echos seufzen, die Felsen weinen, der Marmor atmet und so weiter Unbelebte Objekte gewinnen Leben. Es ist wiederum die Einbildungskraft, die der Zärtlichkeit eines verliebten Herzens den pikanten Charme der Wollust hinzufügt; was die Zärtlichkeit im Studium des Philosophen und des verstaubten Pedanten aufkeimen lässt, was, mit einem Wort, sowohl Gelehrte als auch Redner und Dichter hervorbringt. Von einigen törichterweise verunglimpft, von anderen vergeblich gelobt und von allen missverstanden; es folgt nicht nur dem Zuge der Grazien und der schönen Künste, es beschreibt nicht nur die Natur, sondern kann sie auch messen. Es begründet, beurteilt, analysiert, vergleicht und untersucht. Könnte es die Schönheit der für es gezeichneten Bilder so deutlich spüren, wenn es nicht ihre Beziehungen entdeckte? Nein, so wie es seine Gedanken nicht auf die Sinnesfreuden richten kann, ohne deren

Darüber hinaus üben Sie Ihre Vorstellungskraft aus, oder Sie werden mehr Geister sein, und der Druck wird Ihnen noch mehr in den Sinn kommen, d'embonpoint; Darüber hinaus ist es großartig, nervös, robust, umfangreich und leistungsfähig. Die beste Organisation ist ein Muss für diese Übung.

Die Organisation ist der erste Verdienst des Mannes; Es war vergebens, dass alle moralischen Autoren nicht im Bereich der geschätzten Qualitäten der Zellen angelangt waren, da sie sich auf die Natur verlassen hatten, aber nur die Talente, die mit der Kraft der Reflexionen und der Industrie erworben wurden: unser Leben Ich weiß, dass ich die Fähigkeit, die Wissenschaft und das Vermögen habe, wenn es nicht die Veranlagung gibt, die wir brauchen, um begabt, gelehrt und versiert zu sein? Und wir wollten dieser Disposition noch mehr hinzufügen, da sie nicht der Natur überlassen ist? Wir verfügen über die geschätzten Qualitäten, die sie besitzen; Wir lieben Devons, wer wir sind. Ich glaube nicht, dass ich weiß, wer natürliche Qualität ist, wer derjenige ist, der durch den Erwerb glänzt, und was ich davon halte? Quel que soit le mérite, de quelque endroit | 38 | qu'il naisse, il est digne d'estime; Ich glaube nicht, dass er das Messgerät auskennt. Der Esprit, die Schönheit, der Reichtum, die Noblesse, die Kinder, die du hast, alle ihre Preise, die

Vollkommenheit oder Wollust zu genießen, kann es nicht über das nachdenken, was es mechanisch erdacht hat, ohne dadurch selbst Urteil zu sein.

Je mehr die Vorstellungskraft oder das geringste Talent beansprucht wird, desto mehr gewinnt es sozusagen an *Embonpoint und desto größer wird es*. Es wird sensibel, robust, breit und denkfähig. Die besten Organismen brauchen diese Übung.

Der herausragende Vorteil des Menschen ist sein Organismus. [32] Vergebens versäumen alle Verfasser von Büchern über Moral, die Eigenschaften, die die Natur mit sich bringt, als lobenswert zu betrachten, und würdigen nur die Talente, die durch Reflexion und Fleiß erworben werden. Denn woher, frage ich, kommen Können, Gelehrsamkeit und Tugend, wenn nicht eine Veranlagung, die uns fähig macht, geschickt, weise und tugendhaft zu werden? Und woher kommt diese Disposition, wenn nicht aus der Natur? Nur durch die Natur haben wir gute Eigenschaften; Ihr verdanken wir alles, was wir sind. Warum sollte ich dann

Adresse, das Können, das Vermögen usw. Was die Natur angeht, so sind sie wertvoller geworden, Doivent plaindre ceux à qui ils ont été ableusés; Aber sie könnten ihre Oberlegenheit ohne Schmuck und Kenner spüren. Eine schöne Frau muss sich nur lächerlich machen, weil ein Mann mit Geistesgeist sich unwohl fühlt. Eine übertriebene Bescheidenheit (normalerweise selten) ist eine Art Undankbarkeit gegenüber der Natur. Ein ehrlicher Gast, im Gegenteil, es ist die Marke einer schönen und großen Frau, die die Eigenschaften männlicher Geister so gut wie ihre Gefühle auszeichnet.

Menschen mit guten natürlichen Eigenschaften nicht ebenso wertschätzen wie Männer, die durch erworbene und gleichsam geliehene Tugenden glänzen? Was auch immer die Tugend sein mag, aus welcher Quelle sie auch kommen mag, sie verdient Achtung; Die Frage ist nur, wie man es abschätzt. Geist, Schönheit, Reichtum, Adel, obwohl sie Kinder des Zufalls sind, haben alle ihren eigenen Wert, ebenso wie Können, Gelehrsamkeit und Tugend ihren eigenen haben. Diejenigen, denen die Natur ihre kostbarsten Gaben überhäuft hat, sollten Mitleid mit denen haben, denen diese Gaben verweigert wurden; aber aufgrund ihres Expertencharakters können sie ihre Überlegenheit ohne Stolz spüren. Eine schöne Frau wäre genauso dumm, sich für hässlich zu halten, wie ein intelligenter Mann, sich für einen Narren zu halten. Eine übertriebene Bescheidenheit (ein seltener Fehler) ist eine Art Undankbarkeit gegenüber der Natur. Ein ehrlicher Stolz hingegen ist das Zeichen einer starken und schönen Seele, die sich in männlichen, von Gefühlen geprägten Zügen offenbart .

Wenn die Organisation unmérite ist, der erste mérite und die Quelle aller anderen, ist die Anweisung die zweite. Le cerveau le mieux construit, sans elle, le serait en pure perte; Ohne den Gebrauch der Welt würde der Mann sein Geld nicht mehr bezahlen müssen. Aber was bedeutet, dass es sich um die Frucht der überragenden Schule handelt, ohne dass eine parfaitierte Matrize direkt am Eingang oder an der Konzeption der Ideen liegt? Es ist völlig unmöglich, eine eigene Idee für einen Mann zu haben, der alle unsere Sinne privat hat, weil ein Kind einer Frau mitten in der Natur die Ablenkung brauchte, die nur einer Vulve entsprach, wie ich sie sah Einer, der weder Sex, noch Vagina, noch Matrize hat, und der Grund dafür ist, dass er nach ihrer Hochzeit geheiratet hat.

Wenn der eigene Organismus ein Vorteil ist, und zwar der überragende Vorteil und die Quelle aller anderen, dann ist Bildung der zweite. Das am besten gemachte Gehirn wäre ohne es ein völliger Verlust, genauso wie der am besten beschaffene Mensch nur ein gewöhnlicher Bauer wäre, der nichts von den Gegebenheiten der Welt weiß. Aber was nützt andererseits die beste Schule ohne eine Matrix, die vollkommen offen für den Eingang und die Konzeption von Ideen ist? Es ist ... unmöglich, einem Menschen, der aller Sinne beraubt ist, auch nur eine einzige Idee zu vermitteln ...

Aber wenn das Gericht gut organisiert und gut ausgebildet ist, ist es ein sehr schönes Stück Land, das das Hundertfache davon produziert, das es braucht: oder um den Stil aufzugeben, den es braucht, [39] für mehr (Erkläre, was ich geschickt habe und der die Gnaden der Vérité selbst gespendet hat), die Fantasie, die von der Kunst zur Schönheit und der seltenen Würde des Geistes erhoben wurde, muss alle Beziehungen zu den Ideen, die sie treffen, genau umsetzen, mit einer Erleichterung umsetzen Sie waren von Objekten überwältigt und hatten eine lange Kette von Konsequenzen. Diese Quellen waren nicht mit neuen Berichten, Kinder im Vergleich zu Premieren, und sie fanden eine gewisse Ähnlichkeit. Telle est, selon moi, the generation of l'esprit. Ich habe *herausgefunden* , dass ich nicht den

Aber wenn das Gehirn gleichzeitig gut organisiert und gebildet ist, ist es ein fruchtbarer, gut gesäter Boden, der das Hundertfache hervorbringt, was er empfangen hat: oder (um die Redewendungen zu verlassen, die man oft braucht, um auszudrücken, was man meint, und um der Wahrheit selbst Anmut zu verleihen) erfasst die durch die Kunst zur seltenen und schönen Würde des Genies erhobene Einbildungskraft genau alle Beziehungen der Ideen, die sie sich ausgedacht hat, und nimmt

Anschein erwecke , als ob die Ähnlichkeit von Objekten *sichtbar wäre* : Ich denke nicht, dass wir Trompeure so sehr verstehen, wie der Père Malebranche, oder dass wir uns von Natur aus unwohl fühlen Vielleicht haben wir keine Gegenstände gesehen, die sich in unseren Augen befinden, denn die Mikroskope haben uns in den letzten Tagen bewiesen, aber wir haben uns mit den Pyrrhonien nicht gestritten, und Bayle hat sich nicht um sie gekümmert.

die Vereinbarungen der Gesellschaft geopfert hat . Es ist der Grund, warum meine Figur im gesamten Streitfall zu sehen ist, und ich werde das Gespräch nicht vorantreiben. Les Cartésiens ist mit ihren *eigenen Ideen* auf Kosten der Kosten tätig ; Ich bin sicher, dass ich kein Viertel der Schmerzen habe, um Mr. Locke zum Angriff auf die Chimères zu ernennen.

mit Leichtigkeit eine erstaunliche Anzahl von Gegenständen auf, um daraus zu folgern sie sind eine lange Kette von Konsequenzen, die wiederum nur neue Beziehungen sind, die durch einen Vergleich mit den ersten entstehen, mit denen die Seele eine vollkommene Ähnlichkeit findet. Das ist meiner Meinung nach die Generation der Intelligenz. [33] Ich sage „findet", wie ich zuvor den Beinamen „scheinbar" für die Ähnlichkeit von Objekten gegeben habe, nicht weil ich denke, dass unsere Sinne immer täuschen, wie Pater Malebranche behauptet hat, oder dass unsere Augen, die von Natur aus etwas unsicher sind, dies nicht tun Sehen Sie Objekte so, wie sie in sich selbst sind (obwohl uns Mikroskope dies jeden Tag beweisen), aber um jeden Streit mit den Pyrrhonianern zu vermeiden, [34] unter denen Bayle [35] gut bekannt ist.

Ich sage über die Wahrheit im Allgemeinen, was Herr de Fontenelle über bestimmte Wahrheiten im Besonderen sagt, dass wir sie opfern müssen, um mit der Gesellschaft in gutem Verhältnis zu bleiben. Und es entspricht der Sanftheit

Quelle, die tatsächlich genutzt wurde, ein großes Buch, um eine Lehre zu beweisen, die seit drei Jahrtausenden ein Grundsatz ist ?

meines Charakters, allen Streitigkeiten aus dem Weg zu gehen, es sei denn, sie sollen zum Gespräch anregen. Die Kartesianer würden hier vergeblich mit ihren angeborenen Ideen gegen mich vorgehen. Ich würde mir sicherlich nicht ein Viertel der Mühe machen, die M. Locke auf sich genommen hat, um solche Chimären anzugreifen. Was nützt es eigentlich, ein umfangreiches Buch zu schreiben, um eine Lehre zu beweisen, die vor dreitausend Jahren zu einem Axiom wurde?

Nach den Grundsätzen, in denen wir uns befinden, und denen, die wir uns vorstellen, ist, dass wir ein Plus an Vorstellungskraft haben, das wir mit unserem Plus an Geist, oder Genie, in Betracht ziehen, denn alle diese Dinge sind Synonyme; Und noch einmal, es ist von einem Ehrenbürger, der sich für verschiedene Entscheidungen entschieden hat, weil er nicht gesagt hat, dass sie mehrere Monate oder verschiedene Söhne haben, und dass kein Anhang eine klare Idee oder Unterscheidungskraft hat.

Gemäß den Grundsätzen, die wir festgelegt haben und die wir für wahr halten; Wer die größte Vorstellungskraft hat, sollte als derjenige angesehen werden, der die größte Intelligenz oder das größte Genie besitzt, denn alle diese Wörter sind synonym. und wiederum nur durch einen schändlichen Missbrauch [von Begriffen] denken wir, dass wir unterschiedliche Dinge sagen, wenn wir lediglich unterschiedliche Wörter und unterschiedliche Laute verwenden, denen keine Idee oder wirkliche Unterscheidung zugeordnet ist.

La plus belle, la plus grande, or la plus forte fantasy, est donc la plus propre aux sciences, comme aux arts. Ich entscheide mich nicht für meinen besonderen Geist, um die Kunst des Aristotes oder des Descartes zu übertreffen, in der Mitte des Euripides oder des Sophokles ; Und wenn die Natur für den ehemaligen Corneille noch großartig genug ist, um Newton zu sehen (ich glaube nicht, dass ich weiß), aber es ist sicher, dass seine eigene, vielfältige Einbildungskraft seinen unterschiedlichen Triomphen und seinen unsterblichen Glanz vollendet hat .

Die feinste, größte oder stärkste Vorstellungskraft ist dann diejenige, die sowohl für die Wissenschaften als auch für die Künste am besten geeignet ist. Ich behaupte nicht zu sagen, ob mehr Intellekt nötig ist, um in der Kunst des Aristoteles oder des Descartes zu glänzen als in der des Euripides oder des Sophokles, und ob die Natur sich mehr Mühe gegeben hat, Newton zu erschaffen als Corneille, obwohl ich das bezweifle Das. Aber es ist sicher, dass allein die Vorstellungskraft, anders eingesetzt, ihre vielfältigen Triumphe und ihren unsterblichen Ruhm hervorgebracht hat.

Wenn es nicht gelingt, mit viel Fantasie zu spielen ; Es scheint mir, als ob die Einbildungskraft sich von ihnen lösen ließe, während sie alle Tage damit verbrachten, in den Spiegel ihrer Empfindungen zu blicken, ohne dass der Prüfer sie mit Aufmerksamkeit belästigt; Darüber hinaus sind Spuren und Bilder, deren Echtheit oder Ähnlichkeit mit ihnen verbunden ist, tiefgreifend untersucht.

Wenn bekannt ist, dass man wenig Urteilsvermögen und viel Vorstellungskraft hat, bedeutet das, dass die Vorstellungskraft zu sehr in Ruhe gelassen wurde, sozusagen die meiste Zeit damit beschäftigt war, sich selbst im Spiegel ihrer Empfindungen zu betrachten, und dass sie sich nicht ausreichend ausgebildet hat die Gewohnheit, die Empfindungen selbst aufmerksam zu untersuchen. [Es bedeutet, dass die Vorstellungskraft] mehr von Bildern als von

Es ist wahr, dass die Ressourcen der Fantasie belebt sind, dass die Aufmerksamkeit, dieser Schlüssel oder die Mutter der Wissenschaften, nicht ganz so groß ist, dass es nicht erlaubt ist, Objekte zu erkunden und zu vernichten.

Wenn Sie dieses Geräusch auf den Zweig richten, scheint es, als würden Sie alle Zeit damit verbringen, es zu verschicken. l'imagination est de même. Sie wurden von dem Tourbillon des Sängers und des Geistes getragen, eine einzige Spur, die von der Zelle, die sie brauchte, ausgelöscht wurde; Nach dem Gerichtsbesuch vergeblich: Die Wahrheit | | | qu'elle s'attende à bereuen ce qu'elle n'a pas assez vite saisi et fixé: et c'est ainsi que l'imagination, wahrhaftes Bild du Vorübergehend wird es zerstört und ohne Unterbrechung erneuert.

Wir erzählen, dass das Chaos und die Nachfolge unsere Ideen fortsetzen und beschleunigen werden. elles se chassent, comme un flot pousse l'autre; Die Art, wie ich meine Vorstellungskraft nicht beschäftige, ist wirklich schlimm, ein Teil meiner Muskeln muss sich auf den Kordeln

ihrer Wahrheit oder Ähnlichkeit beeindruckt wurde.

Tatsächlich sind die Reaktionen der Vorstellungskraft so schnell, dass die Vorstellungskraft, wenn die Aufmerksamkeit, dieser Schlüssel oder die Mutter der Wissenschaften, nicht ihren Beitrag leistet, kaum mehr tun kann, als ihre Objekte zu überfahren und zu überfliegen.

Sehen Sie den Vogel auf dem Ast: Er scheint immer bereit zu sein, wegzufliegen. Die Vorstellungskraft ist wie der Vogel und wird immer von den Turbulenzen des Blutes und der Tiergeister vorangetrieben. Eine Welle hinterlässt Spuren, die von der folgenden ausgelöscht werden. Die Seele verfolgt es, oft vergeblich: Sie muss damit rechnen, den Verlust dessen zu bereuen, was sie nicht schnell genug erfasst und repariert hat. So wird die Vorstellungskraft, das wahre Bild der Zeit, unaufhörlich zerstört und erneuert.

Das ist das Chaos und die ständig schnelle Abfolge unserer Ideen: Sie vertreiben sich gegenseitig, selbst wenn eine Welle der anderen nachgibt. Wenn also die Einbildungskraft nicht

des Cerveau ausruhen, um mich an ein Objekt zu erinnern, das ich brauche, und um mich herum zu töten Außerdem, wenn ich nicht noch einmal darüber nachdenke, dann ist sie mir nicht würdig, wenn ich mich um sie kümmere . Ihr Leben war so lebendig, dass sie ihre Aura empfand ; Sie war früher Redner, Musiker, Maler, Dichter und war ein Philosoph. Im Gegenteil, im Gegenteil, weil die Vorstellungskraft sie zu sehr reizt, muss sie sich nicht auf ihre eigene Leidenschaft verlassen, weil sie nicht wissen, dass brillante Enthusiasten ihre Ideen sammeln und wieder zurückgeben wollen In allen Sinnen, um alle Gesichter eines Gegenstandes zu sehen, und die Einbildungskraft wird von der Existenz der größeren Sphäre von Gegenständen angeregt, und sie werden lebendig, wenn sie in den Augen der Kinder ein gutes Zeichen setzen, und was sie wollen. Es liegt mir nicht am Herzen, die Ausbildung und die Übung zu beherrschen, es gibt keine Zeit mehr als eine hellseherische Durchdringung, ohne dass ich die Möglichkeit habe, in den Wissenschaften Fortschritte zu machen.

gewissermaßen einen Satz ihrer Muskeln einsetzt, um eine Art Gleichgewicht mit den Fasern des Gehirns aufrechtzuerhalten, um ihre Aufmerksamkeit für eine Weile auf ein Objekt zu richten, das im Begriff ist zu verschwinden, und um Wenn er sich selbst daran hindert, vorzeitig über ein anderes Objekt nachzudenken – [es sei denn, die Einbildungskraft tut dies alles], wird er niemals den schönen Namen des Urteils verdienen. Sie wird das, was sie wahrgenommen hat, auf die gleiche Weise lebendig zum Ausdruck bringen: Sie wird Redner, Musiker, Maler, Dichter hervorbringen, aber niemals einen einzigen Philosophen. Im Gegenteil, wenn die Einbildungskraft von Kindheit an darauf trainiert wird, sich zu zügeln und sich nicht von ihrem eigenen Ungestüm – einem Ungestüm, das nur brillante Enthusiasten hervorbringt – mitreißen zu lassen, und ihre Ideen zu kontrollieren, zu zügeln, sie in all ihren Facetten zu prüfen Aspekte, um alle Seiten eines Objekts zu sehen, dann wird die urteilsbereite Vorstellungskraft durch Argumentation den größtmöglichen Bereich von

Die einfachsten Gründe für die Arbeit sind, dass sie das Gebäude der Logik verlassen . Die Natur ist für das gesamte menschliche Genre verfügbar ; Aber wir haben keinen Profit gemacht, die anderen wurden missbraucht.

Malgré weist auf die Vorrechte des Menschen gegenüber Tieren hin, es ist eine faire Ehre, die der Ranger | 42 | in seiner Klasse hat. Es ist so, dass es nur ein bestimmtes Alter hat, es ist mehr als ein Tier, weil es weniger Instinkt hat als ich.

Was ist das Tier, das in der Umgebung eines Flusses lebt ? L'homme seul. Es ähnelt diesem alten Kind, das nicht ein modernes Gespräch nach Arnobe führt, und weiß nicht, welche Lebensmittel es sind, die ihm gehören, nicht das Wasser, das er töten könnte, und kein Feuer, das in Pulverform sein könnte. Es ist klar, dass die Premiere die Beleuchtung einer Bougie aux Yeux eines Kindes ist, und es ist eine Maschine, die es braucht, weil es das neue Phänomen ist, das ihn erwartet ; Es hängt davon ab, ob er die Gefahr kennt, aber es wird nicht wiederholt.

Geben Sie mir eine Zugabe mit einem Tier am Rande eines Abgrunds ! lui seul y

Objekten erfassen; und seine Lebhaftigkeit (die bei Kindern immer ein so gutes Zeichen ist und nur durch Studium und Ausbildung reguliert werden muss) wird nur eine weitsichtige Einsicht sein, ohne die in den Wissenschaften kaum Fortschritte gemacht werden können.

Das sind die einfachen Grundlagen, auf denen das Gebäude der Logik errichtet wurde. Die Natur hat diese Grundlagen für die gesamte Menschheit geschaffen, aber einige haben sie genutzt, während andere sie missbraucht haben.

Trotz all dieser Vorteile des Menschen gegenüber Tieren ist es für ihn eine Ehre, ihn in dieselbe Klasse einzuordnen. Denn tatsächlich ist er bis zu einem gewissen Alter eher ein Tier als sie, da er bei der Geburt weniger Instinkt hat. Welches Tier würde inmitten eines Milchflusses verhungern? Mann allein. Wie das Kind der alten Zeit, von dem ein moderner Schriftsteller im Anschluss an Arnobius36 spricht, kennt er weder die für ihn geeigneten Nahrungsmittel noch das Wasser, das ihn ertränken kann, noch das Feuer, das ihn zu Asche machen kann. Zünden Sie

tombera; Es ist nicht so, aber der Rest wird in der Nacht heiß. Ein Vierteljahrhundert oder fünfzehn Jahre später hatte ich große Freude daran, sie bei der Reproduktion ihres besonderen Charakters zu beobachten ; Wenn ich ein Teenager bin, habe ich noch nicht einmal einen Kommentar abgelegt, den ich in ein Spiel stecken muss, das die Natur annimmt, wenn sie mit Tieren lebt: Sie liegt in der Nähe, weil sie schon lange auf dem Weg zum Plaisir war und schon bald fertig war Dass die Tiere glorreiche *Zynismus-Schriftarten* haben . Ohne Bildung, sie sind ohne Vorkenntnisse. Mehr noch, dieses Kind und dieses Kind, bis zu zweit, war sein Meister auf einem großen Weg: Das große Kind, das nicht zu dem Heiligen gehörte, den es schenkte; Le Chien, Mieux Servi by son odorat que l'autre par sa raison, l'aura bientôt trouvé.

zum ersten Mal eine Wachskerze unter den Augen eines Kindes an, und es wird mechanisch seine Finger in die Flamme stecken, als wollte es herausfinden, was das Neue ist, das es sieht. Auf eigene Kosten wird er von der Gefahr erfahren, aber er wird nicht wieder gefasst. Oder man setzt das Kind mit einem Tier auf einen Abgrund, das Kind fällt allein herunter; er ertrinkt dort, wo das Tier sich durch Schwimmen retten würde. Mit vierzehn oder fünfzehn Jahren weiß das Kind kaum etwas von den großen Freuden, die ihm die Fortpflanzung seiner Art bereithält; Als Jugendlicher weiß er nicht genau, wie er sich in einem Spiel verhalten soll, das die Natur den Tieren so schnell beibringt. Er verbirgt sich, als würde er sich schämen, Vergnügen zu haben und glücklich gemacht worden zu sein, während die Tiere sich offen darüber rühmen, Zyniker zu sein. Ohne Bildung sind sie ohne Vorurteile. Als weiteres Beispiel beobachten wir einen Hund und ein Kind, die ihr Herrchen auf einer Autobahn verloren haben: Das Kind weint und weiß nicht, zu welchem Heiligen es beten soll, während dem

Die Natur, die uns zur Verfügung steht, besteht darin, sich auf die Haut der Tiere zu begeben, oder Sie können mir nur helfen, wenn ich die Wunder der Bildung erkläre, die wir auf dem richtigen Niveau haben und die wir bis zum Schluss erreicht haben. Mais harmoniert mit der gleichen Unterscheidung | 43 | aux Saures, aux Aveugles-Nés, aux Idioten, aux Fous, aux Hommes Sauvages, oder wer sich im Wald mit den Tieren erhoben hat, bis zu welchem Punkt die hypokondriaque a Warum ist die Vorstellungskraft so groß, dass dieser Instinkt noch größer ist ? Nicht alle diese Männer des Korps und kein Geist haben es nicht verdient, eine besondere Klasse zu haben.

Wir haben nicht versucht, die Einwände zu verheimlichen, die uns vielleicht aufgrund der Unterscheidung zwischen Mensch und Tier gefallen könnten, gegen unser Gefühl. Ja, ich sage es dir, der Mensch hat ein natürliches Wesen, ein Wissen von Mensch und Tier, das nicht in den Kern des Tieres eindringt.

Hund sein Geruchssinn besser hilft als dem Kind Sein Verstand findet bald seinen Meister.

So hat uns die Natur dazu gebracht, niedriger als die Tiere zu sein oder zumindest umso mehr, aufgrund dieser angeborenen Minderwertigkeit, die wunderbare Wirksamkeit der Erziehung zu zeigen, die allein uns von der Ebene der Tiere erhebt und uns über sie erhebt. Aber sollen wir die gleiche Auszeichnung den Tauben und Blinden, den Idioten, Verrückten oder Wilden oder denen zugestehen, die mit Tieren im Wald aufgewachsen sind? an diejenigen, die durch Melancholie ihre Vorstellungskraft verloren haben, oder kurz an all jene Tiere in Menschengestalt, die nur den gröbsten Instinkt erkennen lassen? Nein, alle diese Männer, die körperlich, aber nicht geistig sind, verdienen es nicht, einzeln eingestuft zu werden.

Wir beabsichtigen nicht, die Argumente vor uns zu verbergen, die gegen unseren Glauben und zugunsten einer primitiven Unterscheidung zwischen Menschen und Tieren vorgebracht werden können. Manche sagen, dass es im Menschen ein Naturgesetz gibt, ein Wissen über Gut und Böse, das sich nie in das Herz von Tieren eingeprägt hat.

Ist dieser Einwand, oder ist diese Behauptung vielleicht auf der Erfahrungsbasis, ohne dass ein Philosoph alles ablehnen könnte? Wir wussten nicht, dass wir davon überzeugt waren, dass der Mann von einem Rayon-Stoff für alle anderen Tiere befreit wurde? Ich bin noch nicht ganz so weit, wir können nicht mehr wissen, wer er ist, und er ist auch für Männer da, die nicht das Gefühl haben, dass sie das Innere unseres Hauses beeinflussen. Wir wissen, was wir denken, und was wir sagen : Ein Gefühl in der Zeit, wir haben keine Kraft, es zu verabreden; Aber aus Rücksicht auf andere Dinge, dieses Gefühl, das in uns drin ist, ist nicht ausreichend: Es ist, dass die anderen Männer sich auf Bewährung befinden, oder die sensiblen und äußeren Zeichen, die wir uns in unseren eigenen Reihen äußern Wir sprechen über mein Gewissen und meine Tourmente.

Aber beruht dieser Einwand, oder vielmehr diese Behauptung, auf Beobachtung? Jede durch Beobachtung unbegründete Behauptung kann von einem Philosophen zurückgewiesen werden. Haben wir jemals ein einziges Erlebnis gehabt, das uns davon überzeugt hat, dass nur der Mensch von einem Strahl erleuchtet wurde, der allen anderen Tieren verborgen blieb? Wenn es keine solche Erfahrung gibt, können wir genauso wenig wissen, was in den Köpfen von Tieren oder sogar in den Köpfen anderer Menschen vorgeht, und wir können auch nicht spüren, was den inneren Teil unseres eigenen Wesens beeinflusst. Wir wissen, dass wir Reue denken und empfinden – ein intimes Gefühl zwingt uns, dies nur zu gut zu erkennen; Aber dieses Gefühl in uns reicht nicht aus, um die Reue anderer beurteilen zu können. Deshalb müssen wir andere beim Wort nehmen oder sie anhand der spürbaren und äußeren Zeichen beurteilen, die wir

Um zu entscheiden, ob die Tiere, mit denen ich gesprochen habe, auf die Natur des Menschen eingegangen sind, hat der Berichterstatter [44] mit diesen Zeichen nicht gesprochen, vorausgesetzt, sie existieren . Les faits semblent le prouver. Le Chien qui a mordu son maître qui agaçait, a paru s'en reue den nächsten Moment; Auf l'a vu triste, fâché, n'osant se montrer, und s'avouer coupable par a air grassant and demütigen. Unsere Geschichte war ein Beispiel für einen berühmten Löwen, der sich nicht dazu entschließen konnte, einen Mann zu verlassen, der sich auf den Weg gemacht hatte, bis er ihn für sein Bienfaiteur erkundete. Es scheint mir, dass der Mann, der mich beobachtet, seine Aufklärung für sein Wohlergehen und meinen Respekt für die Menschlichkeit verrichtet! Auf der anderen Seite sind es keine Menschen, die den Fleus des menschlichen Genres und die Arbeit der Natur lieben.

an uns selbst bemerkt haben, als wir dieselben Gewissensvorwürfe und dieselben Qualen erlebt haben.

Um zu entscheiden, ob Tiere, die nicht sprechen, das Naturgesetz erhalten haben, müssen wir daher auf die Zeichen zurückgreifen, auf die ich mich gerade bezogen habe, sofern es solche gibt. Die Fakten scheinen es zu beweisen. Ein Hund, der den Besitzer, der ihn neckte, gebissen hatte, schien eine Minute später Reue zu zeigen; es sah traurig aus, beschämt, hatte Angst, sich zu zeigen, und schien seine Schuld durch eine geduckte und niedergeschlagene Miene zu bekennen. Die Geschichte bietet uns ein berühmtes Beispiel eines Löwen, der einen seiner Wut überlassenen Mann nicht verschlingen wollte, weil er ihn als seinen Wohltäter erkannte. Wie sehr wäre es zu wünschen, dass der Mensch selbst immer die gleiche Dankbarkeit für Freundlichkeiten und den gleichen Respekt vor der Menschheit zeigen würde! Dann sollten wir uns weder vor undankbaren Unglücklichen noch vor Kriegen fürchten, die die Plage der Menschheit und die wahren Vollstrecker des Naturgesetzes sind.

Aber die Natur hat einen Instinkt, den sie braucht, um zu lernen, zu verstehen, zu vereinen, zu verwirklichen und zu bedenken, damit sie nicht aufhört und sie den Bereich ihrer Aktivität durchdringt; Ich muss mich mit den guten Dingen befassen, mich von den schlechten Eigenschaften lösen und einen guten Meister schreiben; Es gibt eine Struktur, die unserem eigenen ähnelt, die die Operationen der Meme beherrscht, die Leidenschaften der Meme, die Träume der Meme, die Plaisirs-Meme und viele andere, die dem Imaginationsreich und der Delikatesse der Nerfs nahe kommen ; Ein Mann war nicht in der Lage, sich darüber im Klaren zu sein, was er von seinen Torten und Toten hörte, er wusste, dass er gut und schlecht war, und ein bisschen, ein Gewissen, von dem, was er tat? Ist es eine Marke, die nicht die Freuden meiner Mitmenschen, ihre Demütigungen, ihre Enttäuschungen kennt, ohne jeglichen Widerwillen vor dem Anblick ihres Sohnes, der scheinbar entzückt ist, oder nachdem ich meine Mitleidslosigkeit in mehreren Stücken begangen habe ? Cela posé, le don précieux dont il s'agit n'aurait point été [45] aux animaux verweigern; Sie können uns die Zeichen offenbaren, die ihre Reue zeigen, wie ihre Intelligenz, und die Absurdität, die sie in den Sinn bringen, weil sie nicht in der Lage sind, Maschinen zu erschaffen, die uns in den Sinn kommen, so, wie wir denken, in Gedanken versinken usw um die Natur zu spüren?

Aber ein Wesen, dem die Natur einen so frühreifen und aufgeklärten Instinkt gegeben hat, der urteilt, kombiniert, begründet und überlegt, soweit sein Tätigkeitsbereich reicht und zulässt, ein Wesen, das sich aufgrund erhaltener Vorteile verbunden fühlt und das verlässt a Der Meister, der ihn schlecht behandelt, sucht nach einem besseren, einem Wesen mit einer Struktur wie der unseren, das die gleichen Taten ausführt, die gleichen Leidenschaften, die gleichen Sorgen, die gleichen Freuden hat, je nach dem Einfluss der Vorstellungskraft mehr oder weniger intensiv und die Feinheit der Nervenorganisation – zeigt ein solches Wesen nicht deutlich, dass es seine und unsere Fehler kennt, Gut und Böse versteht und mit einem Wort ein Bewusstsein dafür hat, was es tut? Würde seine Seele, die die gleichen Freuden, die gleiche Demütigung und das gleiche Unbehagen empfindet wie wir, von Ekel völlig unberührt bleiben, wenn sie sah, wie ein Mitgeschöpf in Stücke gerissen wurde, oder wenn sie selbst dieses

Mitgeschöpf erbarmungslos zerstückelte? Wenn dies zugestanden würde, wäre die kostbare Gabe, um die es hier geht, den Tieren nicht vorenthalten worden: Denn da sie uns sichere Zeichen der Reue und der Intelligenz zeigen, was ist da absurd an der Annahme, dass Lebewesen fast ebenso vollkommen sind? Sind Maschinen wie wir selbst dazu geschaffen, die Natur zu verstehen und zu spüren?

Es gibt kein großes Objekt, auf das die Tiere stoßen, um die Größe grausamer Tiere zu erreichen, und die nicht in der Lage sind, die meisten ihrer Tiere zu erkennen . Auto alle les hommes distinguent-ils mieux les vices et les vertus? Es ist unser besonderer Schwerpunkt auf der Wildheit, wie auf der Leine. Die Menschen, die sich in der barbarischen Gewohnheit befanden, der Natur ihre Freiheit zu entziehen, waren nicht auf der Suche nach dem, was sie zum ersten Mal übertraten, und die Kraft des Vorbildes konnte nicht aushalten. Es ist eine Art Tier, wie ein Mann. Es kann sein, dass wir und die anderen noch mehr oder weniger in der Hitze des Wetters sind, und sie müssen noch mehr mit dem, was sie sagen, hinzufügen. Aber es war ein friedliches Tier, das mit anderen ähnlichen Tieren lebte, und doppelte Nahrung, als ob du gesungen und gemetzelt hättest, das Innere des Verses ; Mit diesem Unterschied könnte es sein, dass jeder, den wir alle brauchen, ohne Gefälligkeiten, mit Gefälligkeiten und mit anderen Waren aus dem Leben verschont bleibe, weil wir nicht mehr so lange genossen haben, als ob wir

Niemand soll einwenden, dass Tiere größtenteils wilde Tiere sind, die nicht in der Lage sind, das Böse zu erkennen, das sie anrichten; Denn unterscheiden alle Menschen besser zwischen Laster und Tugend? Es gibt sowohl in unserer als auch in ihrer Spezies Wildheit. Menschen, die die barbarische Angewohnheit haben, das Naturgesetz zu brechen, werden dadurch nicht so sehr gequält wie diejenigen, die es zum ersten Mal übertreten und die nicht durch die Macht der Gewohnheit verhärtet wurden. Das Gleiche gilt für Tiere wie für Menschen – beide können ein mehr oder weniger wildes Temperament haben, und beide werden es noch wilder, wenn sie mit Gleichgesinnten

nicht daran interessiert wären, ob wir leben würden, wenn wir nicht da wären Es ist nicht nötig, dass ich etwas tue. Die Couture ist aufgeschäumt und kann wie die Kleider aussehen.

zusammenleben. Aber ein sanftes und friedliches Tier, das unter anderen Tieren mit der gleichen Veranlagung und sanfter Erziehung lebt, wird ein Feind von Blut und Gemetzel sein; Es wird innerlich erröten, weil es Blut vergossen hat. Es gibt vielleicht diesen Unterschied: Da bei den Tieren alles ihren Bedürfnissen, ihren Vergnügungen und den Notwendigkeiten des Lebens geopfert wird, die sie mehr genießen als wir, sollten ihre Reue offenbar nicht so groß sein wie unsere, weil wir nicht dabei sind den gleichen Notstand wie sie. Der Brauch trübt vielleicht die Reue und auch die Freuden und unterdrückt sie vielleicht.

Aber ich glaube, ich glaube nicht, dass ich mich täusche, und es ist nicht so, dass ich die ganze Welt aus unerlaubter Handlung mit diesem Thema betraue, obwohl ich das nicht will. Ich stimme mit den Tieren überein, auch mit | 46 | Vortrefflichkeiten, ich verstehe nicht die Unterscheidung zwischen Mensch und Moral, denn sie erinnern sich noch nicht einmal an die Aufmerksamkeit, die sie für uns haben, weil sie gut sind leur a fait, aucun sentiment de leurs propres vertus; Dass dieser Löwe zum Beispiel noch nicht mit anderen darüber gesprochen hat, er wird nicht daran denken, dass er das Leben dieses Mannes lieben wird, der in Furie gelebt hat, in einem unmenschlichen

Aber ich werde für einen Moment annehmen, dass ich völlig falsch liege, wenn ich schlussfolgere, dass fast alle Welt eine falsche Meinung zu diesem Thema vertritt, während ich allein Recht habe. Ich gebe zu, dass Tiere, selbst die besten unter ihnen, den Unterschied zwischen moralisch Gut und Böse nicht kennen, dass sie sich nicht an die Mühe erinnern, die sie für sie auf sich genommen haben, an die Freundlichkeit, die ihnen

Spektakel, das wir alle haben , les tigres et les ours; Tandis que nos compatriotes se battent, Suisses contre Suisses, frères contre frères, se reconnaissen, s'enchaînent, or se tuent sans remords, parce qu'un Prince paie leurs meurtres: Ich nehme an, dass das natürliche Leben nicht mehr existiert Welche Konsequenzen hat das für Tiere? Der Mann braucht keine Limone plus Precieux; Da die Natur nicht mit einer einzigen Pastete beschäftigt ist, variieren die Leinwände nicht immer. Wenn das Tier nicht bereuen muss, dass es das innere Gefühl verletzt hat, muss ich nicht mit ihm reden, oder ich muss es in absoluter Sicherheit tun, denn es ist notwendig, dass der Mann sich in derselben Situation befindet: Ich verabschiede mich von der Natur und der Natur Alle diese schönen Eigenschaften wurden auf ihr veröffentlicht! Alles, was das Tier regiert, ist im Allgemeinen verloren gegangen . Aber es kann nicht passieren, dass der Mann sich darauf einlässt, dass er sich von anderen unterscheidet, denn das heilige Leben des Herrn, das heißt, er ist gerechtfertigt, aus menschlicher Sicht, aus gutem Grund, von denen, die nicht so sind ni humains, ni vertueux, ni honnêtes gens; Es ist leicht zu unterscheiden, was das Laster ist, oder was ist mit dem einzigartigen Gefallen oder der eigenen Abneigung, das aufgrund der natürlichen Wirkungen entsteht, weil die Tiere, die aus derselben Materie geformt sind, die Ursache dafür sind. Es kann sein, dass ein Grad der Gärung dazu führt, dass alle | | Menschen überhaupt an den gleichen Vorrechten der Tierhaltung teilnehmen, und dass sie sich nicht in der Nähe befinden oder substanzempfindlich sind, ohne Aufzeichnungen. Die Reflexion folgte der Stärkung der Zellen.

erwiesen wurde, und dass sie sich ihrer eigenen Tugenden nicht bewusst sind. [Ich nehme an] zum Beispiel, dass dieser Löwe, auf den ich, wie so viele andere, Bezug genommen habe, sich überhaupt nicht daran erinnert, dass er sich geweigert hat, den Mann zu töten, der seiner Wut überlassen war, in einem Kampf, der unmenschlicher als einer war konnte man unter Löwen, Tigern und Bären zusammen finden. Denn unsere Landsleute kämpfen, Schweizer gegen Schweizer, Bruder gegen Bruder, erkennen sich gegenseitig an und nehmen sich doch gegenseitig gefangen und töten sie ohne Reue, weil ein Fürst für den Mord bezahlt. Kurz gesagt, ich gehe davon aus, dass das Naturgesetz den Tieren nicht gegeben wurde. Welche Konsequenzen wird diese Annahme haben? Der Mensch ist nicht aus kostspieligerem Ton geformt ; Die Natur hat nur einen Teig verwendet und lediglich den Sauerteig variiert. Wenn also die Tiere die Verletzung dieses innersten Gefühls, von dem ich spreche, nicht bereuen, oder vielmehr, wenn es ihnen völlig fehlt, muss sich der Mensch zwangsläufig in derselben Lage befinden.

Lebe wohl also vom Naturgesetz und all den schönen Abhandlungen, die darüber veröffentlicht wurden! Dem gesamten Tierreich würde es im Allgemeinen entzogen. Aber umgekehrt: Wenn der Mensch nicht auf den Glauben verzichten kann, dass er, wenn seine Gesundheit es ihm erlaubt, er selbst zu sein, immer die Aufrichtigen, Humanen und Tugendhaften von denen unterscheidet, die nicht menschlich, tugendhaft oder ehrenhaft sind: Das ist leicht zu sagen Aus der Tugend und dem einzigartigen Vergnügen und der besonderen Abscheulichkeit, die ihre natürlichen Wirkungen zu sein scheinen, folgt, dass Tiere, die aus derselben Materie bestehen und denen vielleicht nur ein Grad der Gärung fehlt, um sie genau wie die des Menschen zu machen, die gleichen Vorrechte haben müssen tierischer Natur sind und dass es daher keine Seele oder sensible Substanz ohne Reue gibt. [37] Die folgende Überlegung wird diese Beobachtungen untermauern.

Es kann sein, dass die Natur nicht zerstört wird. Ich bin so stark, dass ich es mit allen Tieren zu tun habe, und ich glaube nicht,

Es ist unmöglich, das Naturgesetz zu zerstören. Der Einfluss, den es auf alle

dass sie mehr Wild und mehr Wild sind, wenn sie Momente der Reue haben. Da die junge Frau aus Châlons in der Champagne eine Aura hat, die dem Schmerz ihres Verbrechens gleichkommt, ist sie schon lange genug. Ich denke, ich habe alle drei ausgewählt, die Verbrechen begangen haben, ich bin unfreiwillig, oder das Temperament: Gaston d'Orléans, der nicht in die Lage versetzt wurde, sich zu befreien; Es ist eine bestimmte Frau, die sich ihr gegenüber im großen Alter verhält und nicht von ihren Kindern ererbt wird. de celle qui dans le meme état, mangea son mari; Von dieser Seite, die die Kinder umarmt, sie umarmt und alle Tage wie ein kleines Mädchen verwaltet; Diese junge Anthropophagin, die im Alter von 12 Jahren geboren wurde, musste sich um ein Kind kümmern, das von der Familie geehrt wurde, und konnte sich daher nicht mit anderen Beispielen begnügen Unsere Beobachter sind nicht remplis, und jeder von uns beweist, dass er tausend Laster und wahre Erben ist, die den Eltern bei den Kindern beiwohnen, bis zu dem Zeitpunkt, zu dem sie sich ernähren, bis zu dem, was sie erwartet. Ich habe mich darauf geeinigt, dass dieses Missgeschick nicht dazu geführt hat, dass ich den Kampf gegen den Kampf gegen ihn aufnehme. Die *Boulimie* , zum Beispiel, oder der wahre Hund, kann jedes Gefühl hervorrufen; Das ist eine Art Mensch, der zur Zufriedenheit gezwungen ist. Mehr Geld für meine Mitmenschen und als Geschenk, sie erinnern sich an diese Frauen, die sie mit | 48 | beauftragen , ihnen zu helfen, was sie wollen ! Die Strafe wurde von einem unfreiwilligen Menschen bestraft, aber sie haben sich nicht gewehrt, sie haben kein schlechtes Gewissen! Es ist jedoch nicht erforderlich, dass es für die Kinder sichtbar ist. Parmi les womens don't je parle, l'one fut Tiere hat, ist so stark, dass ich keinen Zweifel daran habe, dass die Wildesten und Wildesten Momente der Reue empfinden. Ich glaube, dass diese grausame Magd von Chalons in der Champagne über ihr Verbrechen traurig gewesen sein muss, wenn sie ihre Schwester wirklich gefressen hat. Ich denke, dass das Gleiche für alle gilt, die Verbrechen begehen, sogar unfreiwillige oder temperamentvolle Verbrechen: Das gilt auch für Gaston von Orleans, der nicht anders konnte, als zu stehlen; von einer bestimmten Frau, die während ihrer Schwangerschaft dem gleichen Verbrechen ausgesetzt war und deren Kinder es geerbt haben; von der Frau, die im gleichen Zustand ihren Mann aß; von dieser anderen Frau, die ihre Kinder tötete, ihre Körper salzte und jeden Tag ein Stück davon als kleines Vergnügen aß; von der Tochter eines Diebes und Kannibalen, die mit zwölf Jahren in seine Fußstapfen trat, obwohl sie mit einem Jahr zur Waise geworden und von ehrlichen Menschen erzogen worden war; Ganz zu schweigen von vielen anderen Beispielen, über die die

rouée, and brûlée, the other enterrée live. Ich bin mir dessen bewusst, dass ich das Interesse der Gesellschaft habe. Es scheint mir jedoch, dass ich nicht weiß, ob es sich um hervorragende Ärzte handelt. Euer seuls pourraient distinguer le unschuldiger Krimineller, du coupable. Wenn die Daseinsberechtigung einer verdorbenen Empfindung entzogen ist, oder aus Furcht, könnte der Gouverneur einen Kommentar abgeben?

Aufzeichnungen unserer Beobachter zahlreich sind und die alle beweisen, dass es tausend erbliche Laster und Tugenden gibt, die von den Eltern auf die Kinder übertragen werden, so wie die der Pflegemutter auf die Kinder, die sie pflegt. Nun glaube ich und gebe zu, dass diese Unglücklichen sich zu diesem Zeitpunkt größtenteils nicht der Ungeheuerlichkeit ihrer Taten bewusst sind. Bulimie oder Hundehunger zum Beispiel können jedes Gefühl unterdrücken; Es ist eine Magenmanie, die man unbedingt befriedigen muss, aber welche Reue muss diesen Frauen bevorstehen, wenn sie zu sich kommen und nüchtern werden und sich an die Verbrechen erinnern, die sie an denen begangen haben, die ihnen am meisten am Herzen lagen! Was für eine Strafe für ein unfreiwilliges Verbrechen, dem sie nicht widerstehen konnten und von dem sie überhaupt kein Bewusstsein hatten! Dies reicht den Richtern jedoch offenbar nicht aus. Denn von diesen Frauen, von denen ich erzähle, wurde eine grausam geschlagen und verbrannt, und eine andere wurde lebendig begraben. Ich bin mir darüber im Klaren, was das

Aber das Verbrechen hat auch eine angemessene Bestrafung und ist weniger grausam; si la plus longue et la plus barbar habit ne peut tout-à-fait arracher le repentir des cœurs les plus inhumains; Sie werden durch die Erinnerung an ihre Handlungen verloren; Um die Vorstellungskraft des geistigen Geistes von einem Feind, von Gespenstern und von Feuersbrünsten zu erschöpfen, sind es nur wenige, bis Pascal 6 ? Es ist notwendig, sich an die Fabeln zu wenden, wie ein gutes Buch für ihn, um die bösen Menschen zu belästigen, die zu Ende gegangen sind, weil sie nicht in der Lage sind, von ihr selbst bestraft zu werden Gewissen, qui est leur Premier Bourreau? Ce n'est pas que je veuille dire que tous les criminels soient injustement | 49 | punis; Ich tue so, als ob jemand nicht aus freien Stücken verdorben wäre, und das Gewissen sei gebrochen, er sei von seinen Gedanken betroffen, als er von anderen wiederbelebt wurde ; Ich erinnere mich , dass ich dem Schrecken noch mehr hinzufügen muss, denn die Natur strahlt in diesem Fall nicht aus, als würde ich aus einer tödlichen Notwendigkeit heraus Unheil verüben.

Interesse der Gesellschaft erfordert. Aber zweifellos wäre es sehr zu wünschen, dass ausgezeichnete Ärzte die einzigen Richter wären. Sie allein konnten den unschuldigen Verbrecher vom Schuldigen unterscheiden. Wenn die Vernunft Sklave eines verdorbenen oder wahnsinnigen Verlangens ist, wie kann sie dann das Verlangen kontrollieren?

Aber wenn das Verbrechen seine eigene mehr oder weniger grausame Strafe mit sich bringt, wenn die hartnäckigste und barbarischste Gewohnheit die Reue in den gröbsten Herzen nicht völlig auslöschen kann, wenn Kriminelle schon durch die bloße Erinnerung an ihre Taten zerrissen werden, warum sollten wir sie dann in Angst und Schrecken versetzen? Vorstellung von schwachen Geistern, von einer Hölle, von Gespenstern und von Abgründen aus Feuer, die noch weniger real sind als die von Pascal? 6 Warum müssen wir, wie ein ehrlicher Papst einmal selbst sagte, auf Fabeln zurückgreifen, um selbst die unglücklichen Unglücklichen zu quälen, die hingerichtet werden, weil wir nicht glauben, dass sie von ihrem eigenen Gewissen, ihrem ersten Henker, ausreichend bestraft werden? Ich möchte nicht sagen, dass alle Kriminellen ungerecht bestraft werden; Ich behaupte nur, dass diejenigen, deren Wille verdorben ist und deren Gewissen ausgelöscht ist, genug von ihrer Reue bestraft werden, wenn sie zu sich kommen, einer Reue, von der die Natur, wie ich zu behaupten wage, in diesem Fall unglückliche Seelen hätte erlösen sollen, die vorbeigeschleppt wurden eine fatale Notwendigkeit.

Die Kriminellen, die Mechaniken, die Unglücklichen, bis zum Schluss, dass sie nicht die Natur verloren haben, die Tyrannen misshandelt und beleidigt wurden, auf der schönen Seite, die ein grausamer Plaisir ihrer Barbarei ist, es sind ruhige Momente und Nachdenken, das Gewissen ist rachsüchtig „Erklären Sie sich bitte , und verurteilen Sie ihn, ohne dass Sie sich von Ihrem eigenen Eigentum trennen." Qui tourmente les hommes, est tourmenté par lui- même; Und das Höchste, was er empfand, war das richtige Maß für das, was seine Aura tat.

Kriminelle, Schurken, Undankbare, kurzum solche ohne natürliche Gefühle, unglückliche Tyrannen, die des Lebens unwürdig sind, erfreuen sich vergebens grausam an ihrer Barbarei, denn es gibt ruhige Momente der Besinnung, in denen das rächende Gewissen aufsteht, gegen sie aussagt und verurteilt sie dazu, fast ununterbrochen von ihren eigenen Händen in Stücke gerissen zu werden. Wer Menschen quält, wird von sich selbst gequält; und die Leiden, die er erleiden wird, werden das gerechte Maß für die sein, die er zugefügt hat.

An anderer Stelle ist es ihm ein Anliegen, gut zu sein, sich zu vergnügen, es zu erforschen, um es zu empfangen, um zufrieden mit der Praxis zu sein, zu zweit, menschlich, freundlich, wohltätig, freundlich und allgemein (ce Wenn Renferme alle Dinge vertuscht, muss ich feststellen, dass mir das Böse nicht gelingt.

Auf der anderen Seite gibt es so viel Freude daran, Gutes zu tun, anzuerkennen und zu schätzen, was man erhält, so viel Befriedigung darin, Tugend zu praktizieren , sanft, menschlich, gütig, barmherzig, mitfühlend und großzügig zu sein (denn dieses eine Wort umfasst alles). Tugenden), dass ich jeden als ausreichend bestraft betrachte, der das Pech hat, nicht tugendhaft geboren zu sein.

Wir hatten keine Erfahrung damit, Gelehrte zu sein ; Das ist vielleicht ein besonderes Talent für den Missbrauch unserer organischen Fakultäten, von denen wir wissen, dass wir sie kennengelernt haben. Und so unter dem Amt des Staates, der eine Menge Ohnmächtiger nährt, die unter dem Namen *Philosophen eitel* und dekoriert sind . Die Natur ist für uns alle einzig und allein geschaffen ; Ja, jeder, seit ich hochgefahren bin, ist genau der Punkt, der im Nu vergehen wird. Dies gilt für alle Tiere, die ein Teil der Natur sind, ein Teil plus | 50 | oder weniger, wenn die Organe jedes Tieres in gutem Zustand sind.

Wir wurden ursprünglich nicht dazu geschaffen, gelehrt zu werden; Wir sind es vielleicht durch eine Art Missbrauch unserer organischen Fähigkeiten geworden, und zwar auf Kosten des Staates, der eine Schar von Faulenzen ernährt, die die Eitelkeit mit dem Namen von Philosophen geschmückt hat. Die Natur hat uns alle nur dazu geschaffen, glücklich zu sein 38— ja, wir alle, vom kriechenden Wurm bis zum in den Wolken verlorenen Adler . Aus diesem Grund hat sie allen Tieren einen gewissen Anteil an den Naturgesetzen gegeben, einen Anteil, der größer oder kleiner ist, je nach den Bedürfnissen der Organe jedes Tieres im normalen Zustand.

Ein Geschenk, ein Kommentar, der uns zum natürlichen Leben verholfen hat? Wir sind der Meinung, dass wir verstehen, dass wir nicht in der Lage sind, etwas zu sagen, weil wir nicht daran gedacht haben, dass wir dazu passen. Ich schließe mich dieser kommunalen Idee an, es scheint mir, dass dieses Gefühl nicht ein Geistesgedanke ist, oder ein Kampf, auch wenn der Geist dem Individuum zugute kommt ; Es kann sein, dass wir die Börse und das Leben anderer nicht respektieren, damit wir unsere Güte, unsere Ehre und unsere Mitmenschen bewahren können. Es erinnert an diese *Vorstellungen des Christentums* , deren Leben und Vertrautheit mit den wahren Chimären übereinstimmt, von denen diejenigen, die sie kennengelernt haben.

Wie sollen wir nun das Naturrecht definieren? Es ist ein Gefühl, das uns lehrt, was wir nicht tun sollten, weil wir nicht möchten, dass es uns angetan wird. Sollte ich es wagen, dieser allgemeinen Idee hinzuzufügen, dass mir dieses Gefühl nur eine Art Angst oder Schrecken vorkommt, die für die Rasse ebenso heilsam ist wie für den Einzelnen? Denn möge es nicht wahr sein, dass wir den Geldbeutel und das Leben anderer nur respektieren, um unseren eigenen Besitz, unsere Ehre und uns selbst zu retten; wie jene Ixions des Christentums [39], die Gott lieben und so viele fantastische Tugenden annehmen, nur weil sie Angst vor der Hölle haben!

Sie sehen, dass das natürliche Leben nicht ein Gefühl in der Zeit ist, das Sie der Fantasie hinzufügen müssen, wie alle anderen, die Sie in Gedanken zusammentragen. Daraus folgt, dass sie kein Beweismittel für Bildung, keine Offenbarung, kein Gesetzgeber ist, weil sie mit den Bürgerrechten nicht in Berührung kommen und die Theologie lächerlich machen kann.

Sie sehen, dass das Naturgesetz nur ein intimes Gefühl ist, das wie alle anderen Gefühle (einschließlich Gedanken) auch zur Vorstellungskraft gehört. Offensichtlich setzt das Naturrecht daher weder Bildung noch Offenbarung noch einen Gesetzgeber voraus – vorausgesetzt, man möchte nicht auf die lächerliche Art und Weise der Theologen Naturrecht und Zivilgesetze verwechseln.

Die Waffen des Fanatismus könnten diejenigen zerstören, die diesen Werten entstammen; Aber sie sind noch nicht fertig, aber diese wahren Mêmes.

Es ist nicht möglich, dass ich im Zweifel die Existenz eines Etre suprême wiedererkenne; Ich scheine im Gegenteil, dass der höhere Wahrscheinlichkeitsgrad für sie ist: Aber diese Existenz beweist nicht, dass eine Kultivierung notwendig ist, aber alles andere ist eine echte Theorie, die nicht zu verwenden ist In der Praxis: Von der Art, die vielleicht schlimm ist, nach der Erfahrung, die die Religion nicht annimmt, ist nicht genau | 51 | unzulässig, die Männer haben ihre Daseinsberechtigung, weil ich denke, dass der Athismus nicht ausgeschlossen ist .

Was bedeutet, dass die Daseinsberechtigung des Menschen nicht in seiner eigenen Existenz liegt ? Es könnte sein, dass ich jetzt auf einen Punkt der Erdoberfläche gehetzt werde, ohne dass ich dazu in der Lage bin, Kommentare abzugeben, aber nicht, weil ich nur lebe und trauere, wie diese Champignons, die mir fehlen Ein Tag vor Ort, oder diese Blumen, die die Fossilien bedecken und die Mauern bedecken.

Die Waffen des Fanatismus mögen diejenigen zerstören, die diese Wahrheiten unterstützen, aber sie werden niemals die Wahrheiten selbst zerstören.

Ich möchte nicht die Existenz eines höchsten Wesens in Frage stellen; im Gegenteil, es scheint mir, dass die größte Wahrscheinlichkeit für diesen Glauben spricht. Aber da die Existenz dieses Wesens nicht weiter als die eines anderen Wesens die Notwendigkeit der Anbetung beweist, handelt es sich um eine theoretische Wahrheit mit sehr geringem praktischen Wert. Da wir also nach so langer Erfahrung sagen können, dass Religion keine absolute Ehrlichkeit impliziert, sind wir aus denselben Gründen berechtigt zu glauben, dass Atheismus sie nicht ausschließt.

Wer kann außerdem sicher sein, dass der Grund für die Existenz des Menschen nicht einfach die Tatsache ist, dass er existiert? [40] Vielleicht wurde er zufällig an eine Stelle der Erdoberfläche geworfen, niemand weiß wie und warum, sondern einfach, dass er leben und sterben muss, wie die Pilze, die von Tag zu Tag erscheinen, oder wie die Blumen, die die Gräben begrenzen und bedecken die Wände.

Wir konnten nicht ins Unendliche gehen, wir haben es nicht geschafft, der kleinsten Idee zu entkommen; Es ist absolut unmöglich, sie wieder an den Ursprungsort ihrer Wahl zu bringen. Es handelt sich um eine Sache für uns, denn das Material ist ewig, oder sie hat es geschafft, sie war ein Mensch, oder sie war nicht mehr da. Die Quelle der Folie ist , dass es unmöglich ist, sie zu erobern, und die wir nicht mehr als zwei Stunden zurückgeben müssen, wenn wir uns auf den Weg machen .

Verlieren wir uns nicht im Unendlichen, denn wir sind nicht dazu geschaffen, die geringste Ahnung davon zu haben, und sind absolut unfähig, zum Ursprung der Dinge zurückzukehren. Außerdem spielt es für unseren Seelenfrieden keine Rolle, ob die Materie ewig ist oder erschaffen wurde, ob es einen Gott gibt oder nicht. Wie töricht, uns so sehr über Dinge zu quälen, die wir nicht wissen können und die uns nicht glücklicher machen würden, selbst wenn wir darüber Bescheid wüssten!

Mais, dit-on, lisez tous les ouvrages des Fénelon, des Nieuventit , des Abadie, des Derham , des Raï, etc. Eh bien! que m'apprendront-ils? Oder möchten Sie, dass Sie mir Bescheid sagen? Da es keine unzähligen Wiederholungen von Texten gibt, muss man sich nicht an die anderen wenden, um ein Wort zu sagen, und sich selbst stärken, um die Grundlagen des Athéismus zu lehren. Die Lautstärke des Preuves, die das Naturspektakel ermüden wird, ist nicht zu groß. Die Struktur bestand aus einem Tag, einem Himmel, einem Öl, *einer Beobachtung von Malpighi* , bewies alles und ohne Zweifel die Schönheit von *Descartes* und *Malebranche* ; Du kündigst an, dass der Rest nicht bewiesen werden kann. Die Träume, und die Chrétiens-Memes streben danach, den gerechten Beobachter zufriedenzustellen [52] , dass, in all the

Aber einige werden sagen, lesen Sie alle Werke wie die von Fénelon, [41]—von Nieuwentyt, [42]—von Abadie, [43]—von Derham, [44]—von Rais, [45]—und die anderen. Also! Was werden sie mir beibringen bzw. was haben sie mir beigebracht? Es handelt sich lediglich um ermüdende Wiederholungen eifriger Schriftsteller, von denen einer dem anderen nur Wortschatz hinzufügt, der die Grundlagen des Atheismus eher stärkt als untergräbt. Die Zahl der aus dem Naturschauspiel gewonnenen Beweise verleiht diesen Beweisen

regne animal, les mes vues wurden von einer Unendlichkeit von verschiedenen Moyens, allen abhängigen geometrischen Genauigkeiten, ausgeführt. Können Quellen und Stärke auf die Terrasse des Fitnessstudios gegossen werden? Es ist offensichtlich, dass ich mich nicht täuschen lassen muss, der Mann und die gesamte Universität scheinen zu dieser einheitlichen Sicht bestimmt zu sein. Die Sonne, die Luft, das Wasser, die Organisation, die Form des Korps, alles ist in der Luft arrangiert, in einem Spiegel, der der Fantasie treu ist, den Gegenständen, die dort sind, und den Leuten, die dort sind „Es gibt eine unendliche Vielfalt an Korps, die der Vision dient." Im Laufe der Zeit haben wir zum Teil einen abwechslungsreichen Frappante gefunden, ohne dass diese verschiedenen Herren-, Tier-, Tier- und Giftstoffe unterschiedliche Verwendungszwecke hervorbringen. Alles, was Sie wissen müssen, ist die Mathematik, sie tendieren auch zu sich selbst, aber sie sind in der Absicht. Der Hasard, der von mir verlangt wird, muss sein, dass er eine große Geometrie hat, um sich durch seine großen Leistungen zu verändern. Nehmen Sie nicht an, dass der Autor Abwechslung braucht, um ihn zu erreichen? Das Ziel dieser Parteien besteht darin, dass sie sich im Tier für die zukünftige Verwendung befinden, der Papillon im Chenille, der Mann im Sperma, ein ganzer Polype in der Kammer dieser Parteien, die ovale Klappe, der Poumon im Fötus, die Dellen in ihren Alveolen, die Betriebssysteme in den Flüssigkeiten, die sich lösen und auf eine unverständliche Art und Weise beruhen. Als Anhänger dieses Systems mussten sie sich für den fairen Wert vernachlässigen, sie ließen sich nicht überreden, sie wollten alles gewinnen, und in bestimmten Fällen war die

keine größere Aussagekraft. Entweder beweist die bloße Struktur eines Fingers, eines Ohrs, eines Auges, eine einzige Beobachtung von Malpighi [46], alles, und zweifellos viel besser als Descartes und Malebranche es bewiesen haben, oder alle anderen Beweise beweisen nichts. Deisten, [47] und sogar Christen, sollten sich daher damit begnügen, darauf hinzuweisen, dass im gesamten Tierreich dieselben Ziele durch eine unendliche Anzahl verschiedener Mechanismen verfolgt und erreicht werden, die jedoch alle genau geometrisch sind. Denn welche stärkeren Waffen könnte es geben, mit denen man Atheisten stürzen könnte? Es ist wahr, dass, wenn meine Vernunft mich nicht täuscht, der Mensch und das gesamte Universum für diese Zieleinheit geschaffen zu sein scheinen. Die Sonne, die Luft, das Wasser, der Organismus, die Form der Körper – alles wird im Auge wie in einem Spiegel gebündelt, der der Einbildungskraft alle darin reflektierten Objekte gemäß den von der Wissenschaft geforderten Gesetzen getreu präsentiert unendliche Vielfalt an Körpern, die am Sehen beteiligt sind. In den

Fähigkeit auch der Geist. Voyez, disent-ils, les Spinoza, les Vanini, [53] les Desbarreaux , les Boindin , apôtres qui font plus d'honneur que de delikt au déisme! Die Dauer des Gesundheitswesens dieser letzten Jahre war so groß wie das Maß ihrer Ungläubigkeit: und es war selten in der Wirkung, fügte hinzu, dass ich dem Athismus nicht entgehen konnte, weil die Leidenschaften mit dem Körper, den sie verbanden, treu blieben est l'instrument.

Ohren finden wir überall eine auffallende Vielfalt, und doch führt der Unterschied in der Struktur bei Menschen, Tieren, Vögeln und Fischen nicht zu unterschiedlichen Verwendungsmöglichkeiten . Alle Ohren sind so mathematisch konstruiert, dass sie gleichermaßen auf ein und dasselbe Ziel ausgerichtet sind, nämlich auf das Hören. Aber wäre Chance, so fragt der Deist, ein ausreichend großer Geometer, um die Werke, deren Autorin sie sein soll, nach Belieben zu variieren, ohne durch eine so große Vielfalt daran gehindert zu werden, das gleiche Ziel zu erreichen? Auch hier wird der Deist als Schwierigkeit diejenigen Teile des Tieres hervorbringen, die eindeutig für die zukünftige Verwendung darin enthalten sind, den Schmetterling in der Raupe, den Menschen im Sperma, einen ganzen Polypen in jedem seiner Teile, die Klappe im Oval Körperöffnung, die Lunge beim Fötus , die Zähne in ihren Höhlen, die Knochen in der Flüssigkeit, aus der sie sich lösen und (auf unverständliche Weise) verhärten. Und da die Verfechter dieser Theorie, weit davon entfernt, alles zu vernachlässigen, was sie

Voilà, ich bin mir sicher, dass es für die Existenz eines Menschen besonders günstig sein könnte, das letzte Argument ist leichtfertig, denn wer diese Konvertierungen höflich findet, vertritt den Geist vor all seinen alten Meinungen und wird daraus abgeleitet , dès qu'il a recouvre or plutôt retrouvé ses forces ins celles du Corps. Und voilà, meine Wenigkeit, und der Arzt *Diderot* hat ihn nicht in seinen *philosophischen Gedanken* gelesen, erhabene Leistung, die er nicht von einem Atheisten überzeugen konnte. Möchten Sie einem Mann antworten, der das sagt? „Wir wissen nichts über die Natur: Die Ursachen liegen darin, dass sie für das gesamte Produkt sorgen." Kommen Sie zu Ihrer Tour durch den Trembley-Polype! Sind Sie nicht in der Lage, die Ursachen zu erkennen, die Sie während der Regeneration benötigen? Die Absurdität und der Glaube scheinen mir zu

stärken könnte, und nicht müde werden, Beweise nach Beweisen anzuhäufen, sind sie bereit, sich alles zunutze zu machen, in bestimmten Fällen sogar die Schwäche des Geistes. Schauen Sie sich Männer wie Spinoza, Vanini, [48] Desbarreau [49] und Boindin an, [50] Apostel, die den Deismus mehr ehren, als dass sie ihm schaden. Die Dauer ihrer Gesundheit sei der Maßstab ihres Unglaubens, und selten versäume man, fügen sie hinzu, dem Atheismus abzuschwören, wenn die Leidenschaften mit ihrem Instrument, dem Körper, schwächer geworden seien.

Das ist sicherlich das Meiste, was man für die Existenz Gottes sagen kann: Obwohl das letzte Argument insofern leichtsinnig ist, als diese Bekehrungen kurz sind und der Geist fast immer zu seinen früheren Meinungen zurückkehrt und entsprechend handelt, sobald er dies wiedererlangt hat oder Vielmehr hat es seine Stärke in der des Körpers wiederentdeckt. Das ist zumindest viel mehr, als der Arzt Diderot [51] in seinen „ Pensées Philosophiques " sagte, einem erhabenen Werk, das keinen einzigen Atheisten überzeugen wird. Welche

denken, dass die Ursachen, die der Körper hat, völlig fertig sind, und dass die Kette dieses riesigen Universums unbedingt benötigt wird und versichert, dass sie nicht ankommen kann Ankömmling; Aus Gründen der Unwissenheit, die uns unbesiegbar macht, haben wir uns tatsächlich auf einen Dieb zurückgezogen, der nicht mehr als ein *Existenzgründer ist*, was sicher ist? Ainsi, ausgerechnet der Hasard, es ist kein Beweis für die Existenz eines Etre Supreme , ich könnte mich für etwas entscheiden, das ich nicht hasse, nicht für dich, ich veux diree die Natur, nicht die Gesinnung, die daraus resultiert, könnte nicht gerechtfertigt sein, dass [54] ungläubig sind, wie er den Gesichtsausdruck unseres Denkens beweist ses plus heureux scrutateurs."

Antwort kann man in Wahrheit einem Mann geben, der sagt: „Wir kennen die Natur nicht; Ursachen, die in ihrer Brust verborgen waren, hätten alles hervorbringen können. Beobachten Sie wiederum den Polypen von Trembley: [52] Enthält er nicht in sich selbst die Ursachen, die eine Regeneration bewirken? Warum wäre es dann absurd zu glauben, dass es physikalische Ursachen gibt, aufgrund derer alles geschaffen wurde und an die die gesamte Kette dieses riesigen Universums so notwendigerweise gebunden und festgehalten ist, dass nichts, was geschieht, auch nicht geschehen könnte? [53] Ursachen, von denen wir so unbesiegbar unwissend sind, dass wir Zuflucht zu einem Gott genommen haben, der, wie einige behaupten, nicht einmal eine logische Einheit ist? Die Zerstörung des Zufalls bedeutet also nicht, die Existenz eines höchsten Wesens zu beweisen, da es möglicherweise etwas anderes gibt, das weder Zufall noch Gott ist − ich meine die Natur. Daraus folgt, dass das Studium der Natur nur Ungläubige hervorbringen kann; und die Denkweise all seiner

Die *Stunden der Universität* sind nicht wahrhaftig athée, loin de *l'écraser* ; Und alle diese Indizes wurden tausend und tausend Mal von einem Schöpfer zurückgewiesen, Indizes, die sich mit der Kraft des Gedankengangs in keiner Weise zusammentun, sind nicht offensichtlich, denn gerade die Lende, die ich hatte, war dieses Argument, das für die Antipyrrhonien war . Sie sind überzeugt, dass Sie sich auf bestimmte Erscheinungen verlassen können, außer Quellen, wie Sie sehen, die Atheisten können sich gegen andere wehren, vielleicht sogar mit Stärke und absoluter Gegensätzlichkeit. Wenn wir uns den Naturliebhabern zuwenden, sind wir in der Nähe, weil die Tiere in der Leitung eines Kamins und durch den Einsatz verschiedener Mischungen den ersten Spiegel erreicht haben und in den Zellen der Natur das reine Wasser erreicht haben sert à la simple bergère: que le mouvement qui conserve le monde, a pu le créer; que chaque corps a pris la place que sa nature lui asigné; Was die Luft auf der Erde auslöste, war der Grund dafür, dass sie aus ihren Eingeweiden strömte; Dass die Sonne eine natürliche Produktion ist, die von der Elektrizität abhängt; Qu'il n'a pas plus été fait pour échauffer the terre and all ses habitants, qu'il brûle quelquefois, que la pluie pour faire pousser les Grains, qu'elle touvent; Dass mir der Spiegel und das Wasser nicht mehr reichten, weil ich sie ansah, denn alle Corps Polis, die sich auf dem gleichen Besitz befanden, waren in der Tat ein wahrer Spion von Trumeau dans lequel l „Ich kann das Bild der Objekte betrachten, sagen Sie mir, dass sie von diesem Korps repräsentiert werden: aber sie wissen nicht, dass dieses

erfolgreicheren Forscher beweist dies."

Das Gewicht des Universums erschüttert einen echten Atheisten daher nicht einmal. Alle diese Tausende und Abertausende Male wiederholten Beweise eines Schöpfers, Beweise, die weit über das Verständnis von Menschen wie uns hinausgehen, sind selbstverständlich (wie weit man das Argument auch treibt) nur für die Anti-Pyrrhonianer, 54 oder für jene die genug Vertrauen in ihre Vernunft haben, um zu glauben, sie seien in der Lage, auf der Grundlage bestimmter Phänomene zu urteilen, gegen die, wie Sie sehen, die Atheisten andere vielleicht ebenso stark und absolut dagegen auffordern können. Denn wenn wir noch einmal auf die Naturforscher hören, werden sie uns sagen, dass genau die Ursachen, die in den Händen eines Chemikers durch eine zufällige Kombination den ersten Spiegel bildeten, in den Händen der Natur das reine Wasser zum Spiegel der einfachen Hirtin machten ; dass die Bewegung, die die Welt am Laufen hält, sie erschaffen haben könnte, dass jeder

Organ sich für diese Kontemplation ausdrückt, [55] nirgends dort platziert 'Umlaufbahn; Als es schließlich gut für Lucrece war, waren der Arzt Lamy und alle alten und modernen Epicurier ihre Daseinsberechtigung. Es ist nicht möglich, dass dieses wundervolle Organ organisiert und an anderer Stelle platziert wird, weil es eine Reihe von Bewegungsregeln gibt, die der Natur, der Generation und der Entwicklung des Korps entsprechen.

Körper den ihm durch seine eigene Natur zugewiesenen Platz eingenommen hat, dass die Luft die Erde umgeben haben muss und dass Eisen und die anderen Metalle durch innere Bewegungen erzeugt werden die Erde, aus ein und demselben Grund; dass die Sonne ebenso ein Naturprodukt ist wie Elektrizität, dass sie nicht dazu geschaffen wurde, die Erde und ihre Bewohner zu erwärmen, die sie manchmal verbrennt, ebenso wenig wie der Regen dazu geschaffen wurde, die Samen wachsen zu lassen, die er oft verdirbt; dass der Spiegel und das Wasser ebenso wenig dafür gemacht seien, dass sich Menschen darin sehen könnten, wie alle anderen polierten Körper mit derselben Eigenschaft; dass das Auge in Wahrheit eine Art Glas ist, in dem die Seele das Bild von Objekten betrachten kann, wie sie ihr von diesen Körpern präsentiert werden, aber dass es nicht bewiesen ist, dass dieses Organ wirklich ausdrücklich für diese Betrachtung geschaffen oder absichtlich platziert wurde in seiner Augenhöhle, und kurz gesagt, es kann durchaus sein, dass Lucretius, [55] der Arzt Lamy, [56] und alle Epikureer sowohl

Ich spreche von ihm und spreche ihn aus und lasse ihn von der großen Daseinsberechtigung zitieren, die auf ewig den Philosophen angehört. Ich habe keine Chance.

„Non nostrum inter vos tantas componere lites."

Das ist es, was ich zu einem meiner französischen Freunde, dem australischen Pyrrhonenfranken, gesagt habe, dass ich ein Mann mit viel Verdienst und Würde von einer erstklassigen Sorte bin. Mir passte dieses Thema zu einer einzigen Antwort. Es ist wahr, ich weiß, dass die Person und der Gegner sich nicht mit der Frage nach einem Philosophen befassen müssen, dass sie nicht mit der nötigen Klarheit verbunden sind, um ihre Zustimmung zu erzwingen, und dass die Ideen darauf hinweisen Wer von einer Küste gesegnet ist, wird von den Zellen zerstört, die ihn verlassen. Allerdings ist die Welt noch nicht einmal sechs Monate alt, aber ich bin nicht so weit gekommen. Voici quelles étaient les Daseinsberechtigung dieses *abscheulichen* Mannes. Wenn der

der Antike als auch der Neuzeit Recht hatten, als sie behaupteten, dass das Auge nur sieht, weil es so geformt und platziert ist, wie es ist, [57] und dass dieses wunderbare Organ nicht hätte anders geformt und platziert werden können, wenn ein für alle Mal dieselben Bewegungsregeln gelten würden, denen die Natur bei der Erzeugung und Entwicklung von Körpern folgt.

Das ist das *Für* und *Wider* und die Zusammenfassung jener guten Argumente, die die Philosophen für immer spalten werden. Ich vertrete keine der beiden Seiten.

„Non nostrum inter vos tantas componere lites." [58]

Dies habe ich zu einem meiner Freunde gesagt, einem Franzosen, einem ebenso offenen Pyrronier wie ich, einem Mann mit großen Verdiensten und einem besseren Schicksal würdig. Er gab mir diesbezüglich eine sehr einzigartige Antwort. „Es ist wahr", sagte er mir, „dass das *Für* und *Wider* die Seele eines Philosophen überhaupt nicht beunruhigen sollte, der sieht, dass nichts klar genug bewiesen ist, um seine Zustimmung zu erzwingen,

Athismus ihn ablehnte, wurde er allgemein zurückgewiesen, alle Zweige der Religion blieben bis zum Abbruch und Coupés von der Rennstrecke. Plus de guerres théologiques; plus Soldaten der Religion; Soldaten schrecklich! Die Natur ist von einem heiligen Gift infiziert, es wird durch seine Drohungen verdrängt und reinigt. Meiner Meinung nach liegen die Toten nicht in der Nähe der spontanen Ratschläge [56] ihrer eigenen Person, sie müssen nicht bestraft werden und wir können uns für die guten Gefühle unserer Mitmenschen einsetzen.

und dass die auf der einen Seite vorgebrachten Argumente es sind." durch die des anderen neutralisiert. Allerdings", fuhr er fort, „wird das Universum niemals glücklich sein, es sei denn, es ist atheistisch." [52] Hier sind die Gründe dieses Unglücklichen. Wenn der Atheismus, sagte er, allgemein akzeptiert würde, würden alle Formen der Religion zerstört und an ihren Wurzeln abgeschnitten. Keine theologischen Kriege mehr, keine Soldaten der Religion mehr – so schreckliche Soldaten! Die mit einem heiligen Gift infizierte Natur würde ihre Rechte und Reinheit wiedererlangen. Ruhige Sterbliche, die allen anderen Stimmen gegenüber taub sind, würden nur den spontanen Geboten ihrer eigenen folgen, da sie die einzigen Gebote sind, die niemals ungestraft verachtet werden können und die uns allein auf den angenehmen Wegen der Tugend zum Glück führen können.

Telle est la loi naturalelle; Ich bin ein starrer Beobachter, ein ehrwürdiger Mann und verdiene das Vertrauen in die gesamte menschliche Gattung. Ich glaube nicht, dass der Anzug über die Skrupellosigkeit hinausgeht, und beeindrucke die besonderen Ziele einer anderen Religion, es

Das ist das Naturgesetz: Wer es strikt befolgt, ist ein guter Mensch und verdient das Vertrauen der gesamten Menschheit. Wer es nicht gewissenhaft befolgt, beeinflusst vergeblich das scheinbare Äußere einer

ist ein Vierer, oder ein Heuchler, den du mir nicht trotzen kannst.

Après cela, qu'un vain people pense différemment; Er bestätigte, dass er mir Recht gab, ohne die Offenbarung zu verpassen; Was ist mit einer anderen Religion als der Natur, was ist das? quelle misère! quelle schade! Und die gute Meinung, dass wir unsere Frau in der Botschaft haben! Wir haben hier kein Problem mit dem Wahlrecht der Bevölkerung. Ich kleidete mich als Kind des Aberglaubens, war nicht für die Anbetung von Götzen da und empfand nicht die Wahrheit.

Es gibt noch mehr Fakultäten, die von der eigentlichen Organisation deines Vaters und des gesamten Korps abhängig sind, aber es ist nicht klar, dass diese Organisation gleich ist : Voilà, eine Maschine ist klar! Auto enfin, wenn der Mann nur so lange braucht, um die Natur zu teilen, und es gibt kaum eine Maschine? Unterwegs, es gibt noch mehr Orte, an denen sich die Tiere aufhalten, der Hals ist verhältnismäßig groß und nahe an den Kopf, und ich brauche nur noch mehr zu singen, meine eigene Existenzberechtigung ; que sais-je enfin? Die Gründe dafür sind, dass dieses

anderen Religion; er ist ein Schuft oder ein Heuchler, dem ich misstraue.

Danach möge ein eitles Volk anders denken und es wagen zu behaupten, dass sogar die Redlichkeit auf dem Spiel steht, wenn man nicht an die Offenbarung glaubt, mit einem Wort, dass eine andere Religion als die der Natur notwendig ist, was auch immer sie sein mag. Eine solche Behauptung ist erbärmlich und bedauernswert; und das gilt auch für die gute Meinung, die uns jeder von der Religion gibt, die er angenommen hat! Wir streben hier nicht nach den Stimmen der Masse. Wer in seinem Herzen Altäre zum Aberglauben erhebt, wird geboren, um Götzen anzubeten und nicht, um sich für die Tugend zu begeistern.

Da jedoch alle Fähigkeiten der Seele in einem solchen Maße von der ordnungsgemäßen Organisation des Gehirns und des gesamten Körpers abhängen, dass sie anscheinend nur diese Organisation selbst sind, ist die Seele eindeutig eine erleuchtete Maschine. Denn selbst wenn der Mensch allein einen Anteil am Naturrecht erhalten hätte,

empfindliche Gewissen immer wieder entsteht, wenn man es leicht segnen kann, wenn man bedenkt, dass man sich von der Materie, die man denkt, nicht mehr entfremdet hat, und in einem ganzen Unterschied, den man hier annimmt. L'organisation suffirait-elle donc | 57 | a tout? Ja, noch eine Zugabe. Vielleicht dachte ich, dass ich mit den Organen Sichtbarkeit entwickeln würde, weil die Materie nicht wirklich anfällig für Reklamationen war und dass jemand mit der Zeit, in der die Sensibilisierungsfakultät herrschte, einen Besitzstand hatte?

Es ist nicht so, dass ich einen vergeblichen Wunsch habe, nicht auf den Punkt zu kommen und keinen guten Geist zu haben, der uns dienen wird, um uns an die Party zu erinnern, an die wir denken. Das kleinste Bewegungsprinzip, die belebten Körper, war so groß, dass sie sich fühlte, dachte, reuevoll war und sich in einem Körper und in der Moral bewegte, von der sie abhängig war.

wäre er dafür weniger eine Maschine? Ein paar Räder mehr, ein paar Federn mehr als bei den vollkommensten Tieren, das Gehirn proportional näher am Herzen und aus diesem Grund mehr Blut – jede von vielen unbekannten Ursachen könnte immer dieses empfindliche Gewissen hervorrufen, das so leicht verletzt wird Reue, die der Materie nicht fremder ist als dem Denken, und mit einem Wort alle Unterschiede, die es hier geben soll. Könnte der Organismus dann für alles ausreichen? Noch einmal, ja; Da sich das Denken sichtbar mit unseren Organen entwickelt, warum sollte die Materie, aus der sie bestehen, nicht auch zur Reue empfänglich sein, wenn sie doch mit der Zeit die Fähigkeit zum Fühlen erlangt hat?

Die Seele ist daher nur ein leeres Wort, von dem niemand eine Ahnung hat und mit dem ein aufgeklärter Mensch nur den Teil in uns bezeichnen sollte, der denkt. [60] Mit dem geringsten Bewegungsprinzip verfügen belebte Körper über alles, was zum Bewegen, Fühlen, Denken, Bereuen oder mit einem Wort zum Verhalten im physischen Bereich und im davon abhängigen moralischen Bereich erforderlich ist.

Nous ne supposons rien; Wer glaubt, dass alle Schwierigkeiten nicht mehr zu bewältigen sind, muss Erfahrungen sammeln, um zufriedenstellend zu sein.

Dennoch halten wir nichts für selbstverständlich; Wer vielleicht denkt, dass noch nicht alle Schwierigkeiten beseitigt sind, wird jetzt von Experimenten lesen, die ihn vollkommen zufriedenstellen.

1. Alle Stühle des Tieres klopfen nach dem Tod, in der Luft und bei längerer Zeit, während das Tier ruhiger ist und weniger durchdringt: die Tortues, die Lézards, die Serpents usw. aus der Feder.

1. Das Fleisch aller Tiere klopft nach dem Tod. Dieses Herzklopfen hält umso länger an, je kälter das Tier ist und je weniger es schwitzt. Schildkröten, Eidechsen, Schlangen usw. zeugen davon.

2. Die Muskeln trennen sich vom Körper, sie werden in den Ruhestand versetzt, bevor sie zur Ruhe kommen.

2. Vom Körper getrennte Muskeln ziehen sich zusammen, wenn sie stimuliert werden.

3. Die Eingeweide halten ihre peristaltische Bewegung bei längerer Zeit konstant oder vermischen sich.

3. Der Darm behält seine peristaltische oder peristaltische Bewegung über einen langen Zeitraum bei.

4. Eine einfache Wasserinjektion, die den Kopf und die Muskeln berührt, gefolgt von Cowper.

4. Laut Cowper [61] belebt eine einfache Injektion von heißem Wasser das Herz und die Muskeln.

5. Der Grenouille-Cœur, das gesamte Exposé vor der Sonne, noch ein paar Tage auf einem Tisch oder einer Assistentin, bleibt eine Stunde und mehr übrig, nachdem er das Corps erreicht hat. Scheint die Bewegung ohne Ressourcen zu versagen? Ich wollte den Kopf nicht mehr erfreuen

5. Das Herz eines Frosches bewegt sich eine Stunde oder länger, nachdem er aus dem Körper entfernt wurde, insbesondere wenn er der Sonne ausgesetzt ist oder noch besser, wenn er auf

und gab ihm noch eine Zugabe. Harvey hat die gleiche Beobachtung auf den Crapauds gemacht.

einen heißen Tisch oder Stuhl gelegt wird. Wenn diese Bewegung völlig verloren zu sein scheint, genügt es, das Herz zu stimulieren, und schon schlägt der Hohlmuskel wieder. Harvey [62] machte die gleiche Beobachtung an Kröten.

6. Bacon de Verulam , dans son Traité *Sylva-Sylvarum* , [58] parle d'un homme convaincu de trahison, qu'on ouvrit vivant, et dont le cœur jeté dans l'eau chaude sauta à plusieurs reprises, toujours moins haut , à la distanz perpendiculaire de 2 pieds.

6. Bacon of Verulam [63] zitiert in seiner Abhandlung „Sylva Sylvarum " den Fall eines wegen Hochverrats verurteilten Mannes, der bei lebendigem Leibe geöffnet wurde und dessen Herz, wenn man es in heißes Wasser wirft, mehrmals , jedes Mal weniger hoch, auf die senkrechte Höhe von zwei sprang Füße.

7. Prenez un petit poulet encore dans l'œuf; arrachez lui le cœur; Sie beobachten die Phänomene der Meme, manchmal auch vor den Umständen der Meme. Der einzelne Haleine-Chaleur wurde von einem Tier in die pneumatische Maschine gebracht.

7. Nehmen Sie ein kleines Huhn, das sich noch im Ei befindet, schneiden Sie das Herz heraus und Sie werden die gleichen Phänomene wie zuvor beobachten, unter fast den gleichen Bedingungen. Allein die Wärme des Atems belebt ein Tier, das kurz vor dem Tod in der Luftpumpe steht, wieder zum Leben.

Die gleichen Erfahrungen, die wir mit Boyle und Sténon gemacht haben, sind in den Tauben, in den Hunden, in den Lapins, und die Herzen des Herzens sind wie die Herzen hier. Ich beobachte die gleiche Bewegung auf den taupefarbenen Arachées-Mustern.

[64] und Sténon [65] verdanken HYPERLINK "https://gutenberg.org/files/52090/52090-h/52090-h.htm" \l "n64" , werden an Tauben, Hunden und Kaninchen durchgeführt. Teile ihres Herzens schlagen so, wie ihr ganzes Herz es

tun würde. Die gleichen Bewegungen sind bei Pfoten zu beobachten, die von Maulwürfen abgeschnitten wurden.

8. La chenille, les vers, l'araignée, la mouche, l'anguille offrent les mêmes choices à considérer; Und die Bewegung der Coupé-Parteien nimmt im Wasser zu, weil das Feuer, das sie enthält, entsteht.

8. Die Raupe, der Wurm, die Spinne, die Fliege, der Aal – alle zeigen die gleichen Phänomene; und in heißem Wasser nimmt aufgrund des darin enthaltenen Feuers die Bewegung der abgetrennten Teile zu.

9. Ein Soldat war mit einem Säbelstoß an der Spitze eines Indischen Ozeans stationiert. Dieses tierische Resta debout, ensuite il marcha, courut; Ich begab mich auf die Suche nach einer Mauer, sie wandte sich, kämpfte mit den Segeln, lief weiter und endete. Auf der Erde blieben alle Muskeln, die noch eine Zugabe erforderten. Voilà, ce que j'ai vu, und es ist leicht zu sehen, wie diese Phänomene in den kleinen Chats zu sehen sind, oder Kinder, setzen Sie sich nicht auf ein Coupé zum Vorabend.

9. Ein betrunkener Soldat schnitt mit einem Säbelhieb einem indischen Hahn den Kopf ab. Das Tier blieb stehen, dann ging es und rannte: Als es zufällig gegen eine Wand rannte, drehte es sich um, schlug noch immer mit den Flügeln und fiel schließlich hin. Während er auf dem Boden lag, bewegten sich alle Muskeln dieses Hahns weiter. Das habe ich selbst gesehen, und fast die gleichen Phänomene lassen sich leicht bei Kätzchen oder Welpen beobachten, denen der Kopf abgeschnitten ist.

10. Les Polypes Font plus que de se mouvoir, après la section; Sie reproduzieren sich zu Hause und neben Tieren, die Sie in Coupés finden . Ich bin so gut für das System der Naturforscher auf der ganzen Generation gesorgt, oder ich bin so gut darin gewesen; Wenn wir diese Entdeckung gemacht haben, werden wir uns nicht darum

10. Polypen bewegen sich nicht nur, nachdem sie in Stücke geschnitten wurden. In einer Woche regenerieren sie sich und bilden so viele Tiere, wie es Stücke gibt. Es tut mir leid, dass diese Tatsachen gegen das Generationssystem der

kümmern | 59 | Allgemeines, alle weiteren Erfahrungen und die entscheidenden Dinge!

Voilà, es ist nichts Neues, um zu beweisen, dass jemand unbestreitbar ist, dass jede kleine Faser, oder eine Gruppe von organisierten Körperschaften, von einem Prinzip geleitet wird, das sie an sich hat, und dass die Aktion nicht davon abhängt, worum es geht Nerfs, wie z. B. freiwillige Bewegungen, können die Bewegungen und Fragen nur dann erfüllen, wenn die Parteien, die sich mit der Auflage im Handel befinden, offensichtlich sind. Oder, wenn diese Person gezwungen ist, sich nur an die Verarbeitung von Fasern zu erinnern, muss ihr Herz, das aus einer einzigen Faserzusammensetzung besteht, nicht über die gleiche Eigenschaft verfügen. Die Speckgeschichte ist nicht nötig, um mich zu überzeugen. Es ist mir leicht zu fallen, und zwar durch die parfaite Analogie zur Struktur des menschlichen und tierischen Kerns ; Und im Großen und Ganzen, wie der Premierminister, war diese Bewegung nicht in der Lage, sich zu verstecken, was für ein Teil es war, den sie verließen; Und schließlich war alles kalt und affaissé in den Kadavern. Wenn die Sektionen von den Verbrechern durchgeführt werden, die ihnen zur Seite stehen, wird das Korps nicht noch ein paar Tage später aufwachen, während sie ihre Bewegungen beobachten,

Naturforscher sprechen; oder besser gesagt, ich bin sehr froh darüber, denn diese Entdeckung lehrt uns, selbst auf der Grundlage aller bekannten (und entscheidendsten) Experimente niemals zu einer allgemeinen Schlussfolgerung zu gelangen.

Hier haben wir viel mehr Fakten, als nötig sind, um unwiderlegbar zu beweisen, dass sich jede winzige Faser oder jeder winzige Teil eines organisierten Körpers nach einem ihm eigenen Prinzip bewegt. Seine Aktivität hängt im Gegensatz zu willkürlichen Bewegungen in keiner Weise von den Nerven ab, da die betreffenden Bewegungen in Körperteilen stattfinden, die keinen Zusammenhang mit dem Kreislauf haben. Aber wenn sich diese Kraft auch nur in Faserabschnitten manifestiert, muss das Herz, das aus besonders verbundenen Fasern besteht , die gleiche Eigenschaft besitzt. Ich brauchte Bacons Geschichte nicht, um mich davon zu überzeugen. Es fiel mir leicht, zu dieser Schlussfolgerung zu gelangen, sowohl aufgrund der perfekten Analogie der

während sie ihre Muskeln im Gesicht der enthaupteten Menschen beobachten.

Rufen Sie diesen Hauptmotor des Korps, oder die Gruppenmitglieder in Morceaux, an, das Produkt der nicht enttarnten Bewegungen, wie auf den ersten Blick, mehr als streng kontrolliert, und zwar in der Nähe der Tiere, die sich bewegen und parfümieren, die in den anderen sind Sie sind kalt und unparteiisch. Unseren Gegnern stehen keine weiteren Ressourcen zur Verfügung, denn es gibt nicht mehr als eine Million Menschen, die es leicht überprüfen können.

Struktur des menschlichen Herzens mit der von Tieren als auch aufgrund der Masse des menschlichen Herzens, in dem diese Bewegung unseren Augen nur deshalb entgeht, weil sie vorhanden ist erstickt, und schließlich, weil in Leichen alle Organe kalt und leblos sind. Wenn hingerichtete Kriminelle seziert würden, während ihre Körper noch warm sind, sollten wir wahrscheinlich in ihren Herzen die gleichen Bewegungen sehen, die man in den Gesichtsmuskeln der Enthaupteten beobachten kann.

Das Bewegungsprinzip des ganzen Körpers und sogar seiner in Stücke geschnittenen Teile ist so, dass er keine unregelmäßigen Bewegungen hervorruft, wie manche angenommen haben, sondern sehr regelmäßige, sowohl bei warmblütigen und perfekten Tieren als auch bei kalten und unvollkommenen Tieren . Daher bleibt unseren Gegnern keine andere Möglichkeit offen, als Tausende und Abertausende von Tatsachen zu leugnen, die jedermann leicht überprüfen kann.

Wenn ich jetzt wünsche, dass [60] diese Kraft in unserem Korps belagert, antworte ich, dass sie sehr klar darüber ist, was die Alten angerufen haben *Parenchym* ; Es liegt an der Substanz der Parteien, der Abstraktion der Adern, der Arterien, der Nerfs und einer Art Organisation des gesamten Korps; Und das heißt, dass jede Partei, die sich in den Resorts aufhält, oder meine Wenigkeit, das braucht, was sie zur Verfügung haben.

Kommen Sie ins Detail, um diese Ressourcen der menschlichen Maschine kennenzulernen. Alle Bewegungen von Leben, Tieren, Natur und Automatik werden durch ihre Aktion ausgelöst. Ist es nicht möglich, dass das Corps in den Ruhestand geht und die Erde an einem unbeaufsichtigten Punkt zerstört? Wie heißt das, dass die Armen der Bedrohung durch einen Putsch ausgesetzt sind? Was ist der *Schüler,* der sich während des Tages aufhält, um seine Intelligenz zu bewahren, und dass er sich so weit macht, dass er die im Dunkeln liegenden Objekte sehen kann? Ist es nicht maschinell, dass die Poren der Erde im Winter gären, damit die Kälte nicht in das Innere des Gefäßes eindringt? Warum wird der Magen durch Gift, durch eine bestimmte Menge Opium, durch alle Emétiques usw. gereizt? Warum ziehen sich der Kopf, die Arterien, die Muskeln über dem Sommer zusammen, wie über dem Schleier? Warum kann ich das Büro nicht weiter trainieren? Ist es nicht möglich, dass alle Schließmuskeln der Blase, des *Mastdarms* usw. beschädigt

Wenn mich nun jemand fragt, wo diese angeborene Kraft in unserem Körper ist, antworte ich, dass sie ganz eindeutig in dem liegt, was die Alten das Parenchym nannten, das heißt in der eigentlichen Substanz der Organe, ohne die Venen, die Arterien, die Nerven, mit einem Wort, dass es in der Organisation des gesamten Körpers liegt und dass folglich jedes Organ in sich Kräfte enthält, die je nach Bedarf mehr oder weniger aktiv sind.

Gehen wir nun näher auf diese Triebfedern der menschlichen Maschine ein. Alle lebenswichtigen, tierischen, natürlichen und automatischen Bewegungen werden durch ihre Wirkung ausgeführt. Geschieht es nicht auf rein mechanische Weise, dass der Körper zurückweicht, wenn er beim Anblick eines unvorhergesehenen Abgrunds in Schrecken gerät, dass die Augenlider bei der Androhung eines Schlags gesenkt werden, wie einige bemerkt haben, und dass sich die Pupille zusammenzieht? am helllichten Tag, um die Netzhaut zu schonen, und erweitert sich, um Objekte in der Dunkelheit zu sehen? Ist es nicht ein mechanischer

werden? Welche Kraft hat eine stärkere Kontraktion als alle anderen Muskeln? Was sind die Muskeln, die sich in der Nähe des Mannes befinden, wie in den Tieren, die den Bauch berühren, und selbst in der Nähe des Kindes, das in der Lage ist, sich zu bewegen, weil diese Partei so irritiert ist? Was ich bewiesen habe, war im Vorbeigehen, dass es sich um eine einzige Anlaufstelle in diesem Mitglied handelte, noch mehr, und dieses Produkt [ ] der Wirkungen, die nicht noch einmal erklärt wurden, schadet allen Lichtern von mir 'Anatomie.

Mechanismus, dass sich im Winter die Poren der Haut verschließen, so dass die Kälte nicht in das Innere der Blutgefäße eindringen kann, und dass der Magen erbricht, wenn er durch Gift, durch eine bestimmte Menge Opium usw. gereizt wird? alle Brechmittel usw.? dass sich das Herz, die Arterien und die Muskeln sowohl im Schlaf als auch im Wachzustand zusammenziehen, dass die Lunge bei ständiger Bewegung als Blasebalg dient, ... dass sich das Herz stärker zusammenzieht als jeder andere Muskel? [66]...

Ich habe keinen Vorteil aus all diesen kleinen, subalternen Resorts, die wir auf der ganzen Welt kennen. Aber es ist ein etwas subtileres und noch bezauberndes, was jeder Anime zu bieten hat ; Es ist die Quelle aller unserer Gefühle, aller unserer Gefühle, aller unserer Leidenschaften, aller unserer Gedanken; Car le cerveau a sesmuskeln zum Nachdenken, wie die Jambes zum Marschieren. Ich redete von diesem Hauptanstifter und Impulsgeber, den Hippokrates gegen ihn (l'âme) appellierte. Dieses Prinzip existierte und es wurde am Ursprungsort der Nerfs belagert und übte daraufhin sein Imperium auf dem gesamten Rest des Korps aus. Aufgrund der Erklärung, die jeder erklären kann, sind nur die überwältigenden Auswirkungen auf die Krankheiten der Vorstellungskraft zu erkennen.

Aber weil ich nicht in Reichtum und Fröhlichkeit versunken war, wurde er wohl

Auf all diese kleinen untergeordneten Kräfte, die allen wohlbekannt sind, möchte ich nicht näher eingehen. Aber es gibt noch eine andere, subtilere und wunderbarere Kraft, die sie alle belebt; Es ist die Quelle aller unserer Gefühle, aller unserer Freuden, aller unserer Leidenschaften und aller unserer Gedanken: denn das Gehirn hat seine Muskeln zum Denken, wie die Beine Muskeln zum Gehen haben. [67] Ich möchte über dieses ungestüme Prinzip sprechen, das Hippokrates ενορμων (Seele) nennt. Dieses Prinzip existiert und hat seinen Sitz im Gehirn am Ursprung der

zu einer kleinen Anzahl von Fragen und Überlegungen geboren.

Was ist der Anblick oder die einfache Idee einer schönen Frau, die wir haben, weil sie sich bewegt und einzelne Wünsche hat? Was ist mit bestimmten Organen passiert, wenn die Natur auch mit diesen Organen übereinstimmt? Point du tout; Aber der Handel und die Sympathie dieser Muskeln mit ihrer Vorstellungskraft sind ihr besonderes Anliegen . Ich war gerade auf der Suche nach einem erstklassigen *Resort, das von der schönen* alten Dame oder dem Bild der Schönheit begeistert war, das sich für ein anderes begeisterte, das bis zu seinem Tod dauerte, als die Fantasie auftauchte : und einen Kommentar abzugeben Ist das nicht der Fall und der Aufruhr deines Gesangs und deines Geistes, der mit einer außergewöhnlichen Schnelligkeit galoppiert und das Caverneux-Korps besiegt?

Es handelt sich um offensichtliche Mitteilungen zwischen | 62 | der Mutter und dem 7- Jährigen , und es besteht seit mehr als einem Jahr Berichten zufolge von Tulpius und von anderen Schriftstellern, die nicht in der Lage sind, einen Punkt zu erreichen Wir wissen, dass wir uns darüber im Klaren sind, dass das Fötus den Impuls der mütterlichen Vorstellungskraft verspürt, weil wir alle möglichen Eindrücke requirieren müssen. Und weil meine Spuren, oder neidisch auf die Mutter, vielleicht den Druck auf den Fötus drucken ließen, ohne dass er es verstehen konnte, quoiqu'en widersprach Blondel und alle seine Anhänger. Wir haben P. Malebranche aus irgendeinem Grund eine Ehrenreparation zuteil werden lassen, aber sie haben die Glaubwürdigkeit der Autoren verloren, die nicht auf die Natur achten mussten, und sie wollten ihre Ideen umsetzen .

Nerven, wodurch es seine Kontrolle über den gesamten Rest des Körpers ausübt. Durch diese Tatsache wird alles erklärt, was erklärt werden kann, sogar die überraschenden Auswirkungen von Krankheiten der Einbildungskraft ...

Sehen Sie sich das Porträt dieses berühmten Papstes an, bis auf wenige Worte den Voltaire des Anglais. Die Anstrengungen und Schwächen des Geistes sind auf die Physionomie zurückzuführen; elle est toute en convulsion; Wenn Sie die Umlaufbahn sortieren, werden Ihre Quellen mit den Muskeln an der Vorderseite belastet. Pourquoi? Der Ursprung des Nerfs liegt in großer Mühe und das gesamte Corps muss auf eine besondere Arbeitskraft für Kinder angewiesen sein. Verfügen Sie nicht über ein internes Kabel, das Sie nur in den nächsten Wochen gesehen haben, weil Sie alle diese Phänomene gesehen haben? Admettre une *âme* , pour le expliquer, c'est être réduit a l' *operation du St. Esprit* .

Schauen Sie sich das Porträt des berühmten Papstes an, der gelinde gesagt der Voltaire der Engländer ist. Die Anstrengung, die Energie seines Genies sind in sein Gesicht eingeprägt. Es ist zuckend. Seine Augen ragen aus ihren Höhlen, die Augenbrauen sind mit den Stirnmuskeln hochgezogen. Warum? Denn das Gehirn steckt in großer Mühe und der ganze Körper muss an dieser mühsamen Befreiung teilhaben. Wenn es nicht eine innere Schnur gäbe, die die äußeren zieht, woher kämen dann all diese Phänomene? Eine Seele als Erklärung dafür zuzulassen, würde auf die Wirkung des Heiligen Geistes reduziert werden.

In der Tat, wenn ich in meinem Herzen nachdenke, bin ich noch nicht einmal Teil dieser Einsicht, und das Ergebnis des gesamten Körpers ist, dass meine Ruhe darin liegt, einen Arbeitsplan zu formulieren, oder dass ich ein abstraktes Dasein erfolge , pourquoi mon sang s'échauffe-t- il? pourquoi la fièvre de mon esprit | 63 | passe-t-elle dans me venes? Fordern Sie den Mann der Fantasie, die großen Dichter, bis zu dem Punkt, an dem sie ein gutes Gefühl haben, das exquisit ist, den Charme der Natur, des Reichtums oder des wahren Transports ! Durch ihre Begeisterung, weil sie gerade gesprochen haben, haben Sie die Ursache ihrer Wirkungen erkannt: Von dieser *Harmonie aus, die Borelli* annahm , als einer der

In der Tat, wenn das, was in meinem Gehirn denkt, nicht Teil dieses Organs und damit des gesamten Körpers ist, warum kocht dann mein Blut und das Fieber meines Geistes wandert in meine Adern, wenn ich ruhig im Bett liege, bilde ich das? Planen Sie eine Arbeit oder führen Sie eine abstrakte Berechnung durch? Stellen Sie diese Frage an Männer mit Fantasie, an große Dichter, an Männer, die von der gelungenen Äußerung von Gefühlen entzückt und von einer exquisiten

Anatomen mit ihnen fortfuhr, mit denen alle Leibniz-Menschen verbunden waren, haben Sie die Einheit der Materie verstanden 'homme. Es liegt jedoch an der Spannung der Nerfs, dass sie das Leben gemeistert haben, weil das Feuer, aufgrund der Quelle des Geistes, schwierig und nicht mehr freiwillig ist; Und weil er den Geist erwiderte, der das Korps in Schwierigkeiten brachte, und allume dieses Feuer der Besinnung, das Bayle in ein Alter versetzte, wenn er schon vorgerückt war; si telle kitzel me fait vouloir, me force de désirer ardemment ce dont je ne me souciais nullement le moment d'auparavant; Wenn Sie auf Ihrer Tour sind, sind die Spuren Ihres Vaters genauso spannend wie der Juckreiz und die gleichen Wünsche. Was ist das Gleiche, was ist das? Es war vergebens, dass ich mich über das Reich der Freiwilligen freute. Gießen Sie eine Bestellung, die Ihre Frau braucht, und geben Sie ihr einen Cent. Und was für ein Wunder, dass das Korps dem Staat heilig war , ein Strom von Gesang und Geist war es, der mich zwingen wollte, eine unsichtbare Legion aus Flüssigkeiten zu leiten und zu sehen, was der Clan zu sagen hatte, und die er mir schenkte la servir! Dies liegt jedoch an den Nerfs, die man trainieren muss, und das liegt auch an ihnen, wenn sie angegriffen werden. Das Beste aus einem geliebten Menschen wollte, dass die meisten Gewalttäter, die sie heimsuchten, nicht in der Lage waren, ihr Leben zu retten? Hélas! nicht; Und als die Premiere begann, war das Parken unter bestimmten Umständen nicht möglich, da es nicht möglich war, den Plaisir zu verpassen . Das ist die Paralyse usw., die hier wieder auflebt. | 64 |

Fantasie oder von den Reizen der Natur, der Wahrheit oder der Tugend entzückt sind! Anhand ihrer Begeisterung, an dem, was sie Ihnen erzählen, was sie erlebt haben, werden Sie die Ursache anhand ihrer Auswirkungen beurteilen; Anhand dieser Harmonie, die Borelli, ein bloßer Anatom, besser verstand als alle Leibnizianer, werden Sie die materielle Einheit des Menschen begreifen. Kurz gesagt, wenn die Nervenspannung, die Schmerzen verursacht, auch das Fieber hervorruft, durch das der abgelenkte Geist seine Willenskraft verliert, und wenn umgekehrt der zu sehr erregte Geist den Körper stört (und das innere Feuer entfacht, das Bayle getötet hat). er war noch so jung); Wenn eine Aufregung mein Verlangen und meinen glühenden Wunsch nach dem erweckt, was mir vorhin noch egal war, und wenn bestimmte Gehirneindrücke ihrerseits die gleiche Sehnsucht und die gleichen Wünsche erregen, warum sollten wir dann das, was offensichtlich eins ist, als doppelt betrachten? Sein? Vergeblich greifst du auf die Kraft des Willens zurück, denn für einen einzigen Befehl, den der Wille gibt,

La jaunisse vous surprend! Ich erspare Ihnen nicht, dass die Farbe des Körpers von der Zelle des Glases abhängt, während Sie desquels auf der Suche nach etwas überqueren! Ignorieren Sie, dass Sie sagen, es sei der Ton Ihres Humors, sagen Sie, dass es sich um Gegenstände handelt, bis zu einem gewissen Grad mit uns in Verbindung, vergebliches Spielen von tausend Illusionen? Mais ôtez cette teinte de l'humeur aqueuse de l'œil; Die Galle ist von Natur aus verunreinigt: Wenn sie von anderen Menschen abhängt, wird sie nicht mehr als ein Jahr alt. Ist dies nicht die einzige Zugabe, die den Katarakt bekämpft oder den Eustachi-Kanal injiziert, den Blick auf die Straßen lenkt und die Erde verlässt? Die Kombination von Menschen, die nicht in der Lage waren, als unwissende Scharlatane der Jahrhunderte zu gelten, ist für die Zeit großer Wunder überholt! Die schöne Frau und die mächtige Frau wollten nicht, dass die Dispositionen des Korps sie dauerhaft hielten, und sie sollten sich nicht mit dem Alter und dem Feuer ändern! Faut-il donc

beugt er sich hundertmal dem Joch. [69] Und was für ein Wunder, dass der Körper bei Gesundheit gehorcht, da ein Strom von Blut und tierischen Geistern ihn zum Gehorsam zwingt und der Wille eine unsichtbare Legion von Flüssigkeiten als Diener hat, die schneller als der Blitz und immer bereit sind, seinen Befehlen zu gehorchen! Da aber die Willenskraft durch die Nerven ausgeübt wird, wird sie auch durch diese begrenzt .....

Überrascht Sie das Ergebnis der Gelbsucht? Wussten Sie nicht, dass die Farbe von Körpern von der Farbe der Brille abhängt, durch die wir sie betrachten? Tausend Illusionen? Aber entfernen Sie diese Farbe aus dem Kammerwasser des Auges, lassen Sie die Galle durch ihren natürlichen Filter fließen, dann wird die Seele, die neue Augen hat, kein Gelb mehr sehen. Ist es nicht so, dass durch die Entfernung des Katarakts oder durch die Injektion des Eustachischen Kanals das Sehvermögen des Blinden bzw. das Hörvermögen des Tauben wiederhergestellt wird? Wie viele Menschen, die vielleicht nur schlaue Scharlatane waren, galten im dunklen Zeitalter als

s'étonner si les philosophes ont toujours eu en vue the santé de Corps pour conserve celle de l'âme, si Pythagoras a signeusement ordonné the diète, que Platon a vertided the vin ? Das Regime, das dem Korps gedient hat, ist stets darauf bedacht, dass die vernunftbegabten Ärzte vorgeben, sie würden es tun, weil es von seinem früheren Geist und seinem Wissen über die Wahrheit und die Wahrheit überzeugt ist ; Vergebliche Söhne in der Krankheitszerstörung und im Aufruhr der Sinne! Ohne die Gebote der Hygiene, Epikthets, Sokrates, Platons usw. vergeblich : Die ganze Moral ist unfruchtbar, denn wer die Nüchternheit nicht beiseite gelassen hat, ist die Quelle aller wahren Werte wie die Unterdrückung Celle de tous les vices.

Wundertäter! Schön ist die Seele und kraftvoll der Wille, der nur mit Erlaubnis der körperlichen Verfassung handeln kann und dessen Geschmack sich mit Alter und Fieber ändert! Sollte es uns dann wundern, dass Philosophen immer die Gesundheit des Körpers im Sinn hatten, um die Gesundheit der Seele zu bewahren, dass Pythagoras [72]-Regeln für die Ernährung so sorgfältig aufstellte wie Platon Wein verbot? [73]-Das für den Körper geeignete Regime ist immer dasjenige, mit dem vernünftige Ärzte beginnen zu müssen glauben, wenn es darum geht, den Geist zu formen und ihn in der Erkenntnis der Wahrheit und Tugend zu unterweisen; Aber das sind leere Worte im Chaos der Krankheit und im Aufruhr der Sinne. Ohne die Gebote der Hygiene predigen Epictetus, Sokrates, Platon und die anderen vergebens: Alle Ethik ist fruchtlos für jemanden, dem es an Mäßigung mangelt; Es ist die Quelle aller Tugenden, so wie Unmäßigkeit die Quelle aller Laster ist.

En faut-il davantage (et pourquoi irais-je me perdre dans l'histoire des passions, qui toutes s'expliquent par the ενορμων d'Hippocrate) pour prouver | 65 | que

Es bedarf vielmehr des Beweises (denn warum sollte ich mich in die Diskussion der

l'homme n'est qu'un animal, Oder sind Sie eine Zusammenstellung von Resorts, die uns alle mit anderen teilen, ohne dass es Ihnen schwerfällt, von wo aus Sie mit der Natur zu beginnen ? Da es sich um verschiedene Resorts handelt, handelt es sich nicht um sie, die von ihrer Belagerung und ihren Gewaltdegraden und von ihrer Natur gejagt werden; Und deshalb ist es kein Bewegungsprinzip, oder eine vernünftige Materialpartei des Gehirns, die vielleicht, ohne Fehler, wie ein Hauptressort der gesamten Maschine, einen sichtbaren Einfluss hat Über alle anderen, und ich hatte bereits den ersten Platz eingenommen; Und weil alle anderen noch nicht einmal eine Emanation hatten, war es die Wahrheit über die Beobachtungen, die ich berichtete, und die über verschiedene Embryonen hinwegkamen.

Leidenschaften verlieren, die alle durch den Begriff „ ενορμων " des Hippokrates erklärt werden), zu beweisen, dass der Mensch nur ein Tier oder eine Ansammlung von Quellen ist, die sich gegenseitig aufziehen, ohne unser Sein? Können Sie sagen, an welchem Punkt in diesem menschlichen Kreis die Natur begonnen hat? Wenn sich diese Federn untereinander unterscheiden, so bestehen diese Unterschiede nur in ihrer Position und in ihren Stärkegraden und niemals in ihrer Natur; Daher ist die Seele nur ein Bewegungsprinzip oder ein materieller und sinnlicher Teil des Gehirns, der ohne Angst vor Irrtümern als die Triebfeder der gesamten Maschine angesehen werden kann und einen sichtbaren Einfluss auf alle Teile ausübt. Die Seele scheint sogar für das Gehirn geschaffen zu sein, so dass alle anderen Teile des Systems nur eine Art Emanation des Gehirns sind. Dies geht aus bestimmten Beobachtungen hervor, die an verschiedenen Embryonen gemacht wurden und die ich nun aufzählen werde.

Diese Oszillation ist von Natur aus, oder Sie befinden sich in unserer Maschine, und Sie brauchen nicht einmal jede Faser, und außerdem, weil jedes Faserelement wie eine Pendelzelle aussieht, kann es nicht sein, dass Sie es trainieren. Il faut la renouveler, à mesure qu'elle se perd; Ich brauche deine Kräfte, wenn sie languit sind; Die Sache ist, dass sie von einem Übermaß an Gewalt und Gewalt unterdrückt wird. Das ist es, was die Medizin ausmacht.

Das Corps ist nicht eine Uhr, aber der Neuling ist keine Uhr. Der erste Klang der Natur, als er da war, erregte eine Art Feuer, die Chimisten, die sich nicht fürchten mussten, dass sie eine Gärung erwarteten. Dieses Buch beschafft eine noch größere Geistesfilterung, die maschinell von den Muskeln und dem Kopf abhängt, wie sie und ihre Gesandten auf freiwilliger Basis.

Es sind keine Ursachen oder Kräfte des Lebens, die sich 100 Jahre lang in Bewegung befinden | 66], und zwar ständig in fester und flüssiger Form, was zusätzlich zu uns notwendig ist. Kann es sein, dass die Feststoffe zu diesem Spiel beitragen und dass die Flüssigkeiten *und umgekehrt* ? Alles in allem ist es so, dass die Aktion des Premiers nicht lange dauerte, ohne Sekunden. Da es

Diese Schwingung, die für unsere Maschine natürlich oder geeignet ist und mit der jede Faser und sogar jedes Faserelement sozusagen wie ein Pendel ausgestattet zu sein scheint, kann nicht ewig aufrechterhalten werden. Es muss erneuert werden, wenn es an Kraft verliert, gestärkt werden, wenn es müde ist, und geschwächt werden, wenn es durch übermäßige Kraft und Kraft gestört wird. Darin allein besteht wahre Medizin.

Der Körper ist nichts weiter als eine Uhr, deren Uhrmacher der neue Chyle ist. Wenn der Chylus ins Blut gelangt, ist es die erste Sorge der Natur, darin eine Art Fieber hervorzurufen, das die Chemiker, die nur von Retorten träumen, für Gärung gehalten haben müssen. Dieses Fieber führt zu einer stärkeren Filterung der Geister, die die Muskeln und das Herz mechanisch beleben, als ob sie auf Befehl des Willens dorthin geschickt worden wären.

Dies sind also die Ursachen oder Kräfte des Lebens, die so hundert Jahre lang die ständige Bewegung der festen und flüssigen Stoffe aufrechterhalten, die für die ersteren ebenso notwendig ist wie für die zweiten. Aber wer kann sagen, ob die

sich bei den Likören um Schokolade handelt und die Elastizität der Flaschen erhalten bleibt, hängt die Quelle von ihrer ordnungsgemäßen Zirkulation ab. Bis ich kurz vor dem Tod war, war die natürliche Quelle jeder Substanz mehr oder weniger noch mehr als die Reste des Lebens, bis sie überlebten und bis zum Schluss abliefen. Da es sich um die Kraft dieser Tiere handelt, kann sie die Zirkulation in der Zelle gut erhalten und steigern, aber sie hängt nicht von einem Punkt ab und kann auch über die Integrität jedes einzelnen Mitglieds oder Eingeweides hinausgehen , komm schon, l'a vu.

Feststoffe mehr zu dieser Bewegung beitragen als die Flüssigkeiten oder *umgekehrt* ? Alles, was wir wissen, ist, dass die Wirkung der ersteren ohne die Hilfe der letzteren bald aufhören würde, das heißt ohne die Hilfe der Flüssigkeiten, die durch ihr Einsetzen die Elastizität der Blutgefäße, von denen ihr eigener Kreislauf abhängt, anregen und aufrechterhalten. Daraus folgt, dass die natürliche Widerstandsfähigkeit jeder Substanz nach dem Tod immer noch mehr oder weniger stark ist, je nachdem, welche Lebensreste sie überlebt und als letzte zugrunde geht. So wahr ist es, dass diese Kraft der tierischen Teile durch die des Kreislaufs erhalten und gestärkt werden kann, dass sie aber nicht von der Stärke des Kreislaufs abhängt, da er, wie wir gesehen haben, sogar auf die Integrität des Kreislaufs verzichten kann jedes Mitglied oder Organ.

Ich ignoriere nicht, dass diese Meinung nicht von allen Gelehrten geschätzt wurde, und dass Stahl das Ziel erreicht hat. Dieses großartige Chimiste voulu uns überzeugt, dass ich durch alle unsere Bewegungen zu ihm gehöre. Aber er redet fanatisch und nicht philosophisch.

Ich bin mir bewusst, dass diese Meinung nicht bei allen Gelehrten Anklang fand und dass insbesondere Stahl viel Verachtung dafür empfand. Dieser große Chemiker wollte uns davon überzeugen, dass die Seele

Um die Hypothese von Stahlienne zu zerstören, fehlten mir die Anstrengungen, die ich bereits vor mir gemacht hatte. Ich war noch nicht einmal auf der Suche nach einem Geigenspieler. Quelle supplelesse! Quelle der Agilität in den Händen! Die Bewegungen werden nach Aufforderung angezeigt, bevor sie nacheinander ausgeführt werden. Oder, je teuer, oder du musst den Stahlmännern trotzen, die mir schrecklich sind, und du weißt, dass du alles weißt, was du vielleicht tun könntest, Kommentar: Es ist möglich, dass sie ausgeführt wird, wenn sie in Bewegung ist, und die Bewegungen, die du begleiten wirst, wenn du sie trägst. elle, et en tant d'endroits [67] divers. Ich nehme an, ein Flötenspieler, der über eine unendliche Unendlichkeit hinweg brillante Kadenzen liefert, die er nicht beherrschen kann, und die Hilfskräfte müssen ihn nur dann anwenden, wenn er ihn anwendet.

Mais sagte Herrn Hecquet, dass er die ganze Welt in Corinthe nicht erreichen konnte. Und warum Stahl nicht mehr der Natur und

die einzige Ursache all unserer Bewegungen ist. Aber das bedeutet, als Fanatiker und nicht als Philosoph zu sprechen.

Um die Hypothese von Stahl75 zu zerstören, müssen wir uns nicht so sehr anstrengen, wie es meiner Meinung nach andere vor mir getan haben. Wir brauchen nur einen Blick auf einen Geiger zu werfen. Welche Flexibilität, welche Leichtigkeit in seinen Fingern! Die Bewegungen sind so schnell, dass es fast so aussieht, als gäbe es keine Abfolge. Aber ich bete, oder besser gesagt, ich fordere die Anhänger von Stahl, die so vollkommen verstehen, was unsere Seele tun kann, dazu auf, mir zu sagen, wie sie möglicherweise so viele Bewegungen so schnell ausführen kann, Bewegungen noch dazu, die so weit von der Seele entfernt stattfinden, und an so vielen verschiedenen Orten. Das heißt, dass ein Flötenspieler brillante Kadenzen auf einer unendlichen Anzahl von Löchern spielen könnte, die er nicht kannte und auf die er nicht einmal seinen Finger legen konnte!

Aber sagen wir mit M. Hecquet 76, dass nicht alle Menschen nach Korinth

der Qualität des Menschen den Vorzug gegeben hat, was für eine Qualität des Chimierens und der Praxis? Il fallait (heureux mortel!) qu'il eût reçu une atre âme que le reste des hommes; Ich bin souverän, ich bin nicht damit zufrieden, dass mein Reich auf den *freiwilligen* Muskeln ruht, wir halten alle Bewegungen des Korps ohne Schmerzen, können in der Schwebe, ruhiger oder erregender sein. Mit einer ausserordentlichen Maîtresse, die sich in der Leitung der Quelle befand, während sie die Battements du cœur und die Lois de la Circulation aussortierte, ohne Zweifel ; point de douleur; point de langueur; ni honteuse impuissance, ni facheux priapisme. Ich veut, und die Resorts jouent, se dressent, ou se debandent. Kommentieren Sie, dass die Maschine von Stahl keine Konsequenzen hat ? Wer auf einen großen Arzt wartet, wird unsterblich sein.

gehen dürfen. 77 Warum hätte Stahl als Mensch nicht noch mehr von der Natur begünstigt sein sollen als als Chemiker und Praktiker? Als glücklicher Sterblicher muss er eine Seele erhalten haben, die sich von der des Rests der Menschheit unterscheidet, eine souveräne Seele, die sich nicht mit der Kontrolle über die willkürlichen Muskeln zufrieden gab, sondern problemlos die Zügel aller Bewegungen des Körpers in der Hand hielt und dies auch konnte suspendieren Sie sie, beruhigen Sie sie oder erregen Sie sie, ganz nach Lust und Laune! Bei einer so despotischen Geliebten, in deren Händen gewissermaßen der Herzschlag und die Gesetze des Kreislaufs lagen, konnte es sicherlich kein Fieber, keinen Schmerz, keine Müdigkeit geben ... ! Die Seele will und die Federn spielen, ziehen sich zusammen oder entspannen sich. Doch wie kam es, dass die Federn von Stahls Maschine so schnell außer Betrieb waren? Wer einen so großen Arzt in sich trägt, sollte unsterblich sein.

Stahl, im Übrigen, es war nicht das einzige, was er von dem Oszillationsprinzip des organisierten Korps ablehnte. Da ich keinen großen Geist habe, werde ich Ihnen die

Darüber hinaus ist Stahl nicht der Einzige, der das Prinzip der Schwingung organischer Körper ablehnt.

Aktion Ihres Herzens, die Erektion Ihres *Penis* usw. erläutern. Sie sind nicht in der Lage, die medizinischen Institutionen von Boerhaave kennenzulernen, um sie zu sehen Arbeits- und Unterbringungssysteme, die eine Kraft besitzen, die in allen Körpern frappiert, dieser große Mann ist dem Kind verpflichtet, dem Sohn seines mächtigen Geistes nachzufolgen. | 68 |

Größere Köpfe haben dieses Prinzip nicht verwendet, als sie die Tätigkeit des Herzens usw. erklären wollten. Man braucht nur die „Institutionen der Medizin" von Boerhaave 78 zu lesen, um zu sehen, welch mühsame und verlockende Systeme dieser große Mann erfinden musste , durch die Arbeit seines mächtigen Genies, durch das Versäumnis zuzugeben, dass in allen Körpern eine so wunderbare Kraft steckt.

Willis und Perrault, esprits d'one plus faible trempe, mehr Beobachter der Natur, die der berühmte Professor von Leyde nicht mit dem Authentischen und Nicht-Eue verbunden hat , für noch schlimmer, als der Zweite, Paraissent avoir Mein Ziel ist es, dass das gesamte Korps eine allgemeine Antwort erhält, während der Fürst uns nicht verhandelt. Aber unter dieser Hypothese befanden sich Virgil und alle Epikuren, die Hypothese, dass die Geschichte des Polypen bei der Premiere zu bevorzugen schien, und die Bewegungen, die unter dem Thema überlebten, gehörten nicht zu den Überresten, die *sie* hatten Konsequente Zugabe der Parteien, die vertraglich gebunden sind, ohne dass sie durch den Gesang und den Geist gereizt werden. Da ich nicht wusste, dass diese Texte die ganzen philosophischen Fabeln übertrafen, wurde mir nicht aufgefallen, dass das Modell, das nicht mit dem Material der Fakultät übereinstimmte, mir in den Sinn kam Mal ausgedrückt, im Dunkeln gehalten und nicht bedeutsam. In der Tat, was dieser *Rest* war ,

Willis 79 und Perrault, 80 Geister schwächerer Prägung, aber aufmerksame Beobachter der Natur (während der berühmte Leydener Professor die Natur sozusagen nur durch andere und aus zweiter Hand kannte), scheinen es vorgezogen zu haben, anzunehmen, dass sich eine Seele im Allgemeinen über sie erstreckt den ganzen Körper, statt des Prinzips, das wir beschreiben. Aber nach dieser Hypothese (die die Hypothese von Vergil und allen Epikureern war, eine Hypothese, die auf den ersten Blick durch die Geschichte des Polypen begünstigt werden könnte) sind die Bewegungen, die nach dem Tod des Subjekts, dem sie innewohnen,

da es nicht die motorische Kraft des Leibniz-Menschen war, wurde er nicht von einem einzigen Ausdruck wiedergegeben, und der Anhänger von Perrault hatte tatsächlich eine echte Entrevue. Voy . Sohn *Traité de la Mécanique des Animaux* .

weitergehen, darauf zurückzuführen zu einem Rest der Seele, der noch von den Teilen erhalten bleibt, die sich zusammenziehen, obwohl diese vom Augenblick des Todes an nicht mehr durch Blut und Geister erregt werden. Daraus lässt sich erkennen, dass diese Schriftsteller, deren solide Werke leicht alle philosophischen Fabeln in den Schatten stellen, nur auf die Art getäuscht werden, die der Materie die Fähigkeit zum Denken verliehen haben, ich möchte sagen, indem sie sich schlecht in Dunkelheit und Bedeutungslosigkeit ausgedrückt haben Bedingungen. Was ist in Wahrheit dieser Rest einer Seele, wenn er nicht die „treibende Kraft" der Leibnizianer ist (mit einem solchen Ausdruck schlecht wiedergegeben), was jedoch insbesondere Perrault wirklich vorausgesehen hat? Siehe seine „Abhandlung über den Mechanismus der Tiere".

Gegenwärtig war es klar, dass es den Cartesianern, den Stahliens, den Malebranchisten und den Theologien gegenüber an diesen Orten demonstriert wurde, und dass die Materie von ihnen selbst, nicht gerade von ihr organisiert wurde, wie in einem Als Ganzes, zum Beispiel, aber ich weiß, dass diese

Nachdem nun den Cartesianern, den Anhängern Stahls, den Malebranchisten und den Theologen, die hier kaum erwähnt zu werden verdienen, klar bewiesen ist, dass die Materie sich selbst

Organisation am Ende ist, die Neugier des Mannes kann sich auf ein Korps konzentrieren, denn ich bin derselbe, der ursprünglich aus einem Soufflé des Lebens stammt, und es hat die Konsequenz daraus gefunden faculté de sentir, et enfin par [69] celle-ci de la pensée. Et pour en en venir à bout, ô bon Dieu, unterdrückt Bemühungen, die bestimmte Philosophien nicht erfüllen ! Und was Galimatias bedeutet, dass ich Geduld mit diesem Thema habe!

bewegt,81 nicht nur, wenn sie organisiert ist, wie zum Beispiel in einem ganzen Herzen , aber selbst wenn diese Organisation zerstört ist, möchte die menschliche Neugier herausfinden, wie ein Körper dadurch, dass er ursprünglich mit dem Atem des Lebens ausgestattet ist, sich infolgedessen mit der Fähigkeit des Fühlens und damit der des Lebens geschmückt findet Gedanke. Und, mein Gott, welche Anstrengungen wurden von manchen Philosophen nicht unternommen, um dies zu beweisen! Und was für einen Unsinn zu diesem Thema hatte ich mit der Geduld zu lesen!

Was wir erfahren haben, ist, dass die Bewegung bestehen bleibt, wenn sie in einer oder mehreren Fasern steckt, und Sie müssen nicht wissen, was Sie tun müssen, um diese Bewegung kurz vor ihrem Tod zu sehen , Komm schon, ich wohne in dieser misslichen Lage der Erfahrungen, ich möchte die Systeme nicht in Betrieb nehmen. Es ist nicht so, dass die Bewegung und das Gefühl auf Tournee sind, und zwar im ganzen Korps, und in den gleichen Korps ist die Struktur nicht zerstört; Es ist uns nicht vergönnt, bestimmte Pflanzen zu belästigen, die den Anschein erwecken, als würden wir die Phänomene der Wiedervereinigung von Gefühlen und Bewegungen auslösen.

Diese Erfahrung lehrt uns nur, dass die Bewegung in einer oder mehreren Fasern anhält, so gering sie auch sein mag , wir sie nur stimulieren müssen, um diese fast erloschene Bewegung wieder anzuregen und zu beleben. Das haben die zahlreichen Experimente gezeigt, mit denen ich mich vorgenommen habe, die Systeme zu zerschlagen. Es ist daher sicher, dass Bewegung und Gefühl abwechselnd einander erregen, sowohl in einem ganzen Körper als auch in demselben Körper, wenn seine Struktur zerstört ist,

Mehr noch, eine Kombination aus hervorragenden Philosophien zeigt, dass ich nicht darüber nachdenke, ob ich die Fähigkeit dazu habe, und dass ich sie verstehen kann, und dass ich eine sensible Anwendung habe, um über die Ideen nachzudenken und sie zu verwirklichen! Das ist mir klar geworden, denn ich glaube, das Gefühl ist wahr, ich denke daran, wie der Schlaganfall, die Lethargie, die Katalepsie usw. Ich denke schon, dass ich nicht daran gedacht habe Aufgrund ihrer schlimmen Krankheiten musste sie sich nicht an die Ideen halten, die sie brauchten, und wollte sich nicht für Spott entscheiden.

Für das, was diese Entwicklung ist, ist es eine Folie, die man während der Suche nach Mechanik verlieren muss. Die Natur unserer Bewegung liegt nur darin, dass sie von der Materie abweicht. Ich konnte mir vorstellen, dass es sich um ein Produkt handelt, das ich mit dem Autor der *Geschichte der* alten Menschheit und der unverständlichen Lehre der *materiellen Formen* wiederbeleben konnte! Je suis | 70 | tröste dich auch nicht mit der Materie, d'inerte et simple, devient active and composée d'organes, die du nicht in der

ganz zu schweigen von bestimmten Pflanzen, die die gleichen Phänomene der Vereinigung von Gefühl und Bewegung zu zeigen scheinen.

Aber wie viele ausgezeichnete Philosophen haben darüber hinaus gezeigt, dass das Denken nur eine Fähigkeit des Fühlens ist und dass die vernünftige Seele nur die fühlende Seele ist, die sich mit der Betrachtung ihrer Ideen und dem Denken beschäftigt! Dies wäre allein durch die Tatsache bewiesen, dass, wenn das Gefühl unterdrückt wird, auch das Denken gehemmt wird, zum Beispiel bei Schlaganfall, Lethargie, Katalepsis usw. Denn es ist lächerlich zu behaupten, dass die Seele während dieser Benommenheit weiter denkt. auch wenn es sich nicht an die Ideen erinnert, die es hatte.

Was die Entwicklung von Gefühl und Bewegung angeht, ist es absurd, Zeit mit der Suche nach ihrem Mechanismus zu verschwenden. Die Natur der Bewegung ist uns ebenso unbekannt wie die der Materie. [82] Wie können wir herausfinden, wie es entsteht, wenn wir nicht wie der Autor von „Die

Lage bist , die Sonne ohne Glasrot zu betrachten : und je suis d'aussi d'ausi bonne componation sur les Andere wunderbare Unfassbarkeiten der Natur, der Produktion von Gefühlen und der Gedanken an einen Ort, der von uns selbst nicht paradiert werden konnte, als wir ein Kind hatten.

Ich bin mir einig, dass das organisierte Material zwei Hauptmotoren ist, denn der Unterschied zwischen den Zellen besteht nicht darin, dass es nicht möglich ist, die unbestreitbare Beobachtung zu verweigern?) und so weiter Alles hängt von den Tieren der Diversität dieser Organisation ab, wie ich sie erfahre; Es ist notwendig, den Körper der Substanzen und die Zelle des Mannes zu bestimmen. Sie wissen, dass es niemanden in der Universität gibt und dass der Mann mehr Parfait hat. Es ist ein einziges Mal, außer Tieren und Geistern, denn Huygens' Planetariumspendel gehört zu einem Monat von Julien Le Roi. Es enthält mehr Instrumente, Werkzeuge und Hilfsmittel, um die Bewegungen der Planeten zu markieren, um die Arbeitszeiten oder die Wiederholungen zu verbessern. Ich habe mehr Kunst in Vaucanson gefunden, um

Geschichte der Seele" die alte und unverständliche Lehre von den substantiellen Formen wiederbeleben? Ich bin dann genauso zufrieden damit, nicht zu wissen, wie träge und einfache Materie aktiv und hochorganisiert wird, wie nicht in der Lage zu sein, ohne rote Brille in die Sonne zu schauen; und ich bin ebenso wenig beunruhigt über die anderen unverständlichen Wunder der Natur, die Entwicklung von Gefühlen und Gedanken in einem Wesen, das früher unseren begrenzten Augen als bloßer Lehmklumpen erschien.

Gewähren Sie nur, dass die organisierte Materie mit einem Bewegungsprinzip ausgestattet ist, das sie allein vom Anorganischen unterscheidet (und kann man dies angesichts der unbestreitbarsten Beobachtungen leugnen?), und dass bei den Tieren, wie ich hinreichend bewiesen habe, alles davon abhängt die Vielfalt dieser Organisation: Diese Zugeständnisse genügen, um das Rätsel der Stoffe und des Menschen zu erraten. Es scheint also, dass es im Universum nur eine [Art von Organisation] gibt und dass der Mensch das

seinem *Fluteur gerecht zu werden* , und der für seinen *Sohn Canard* , der noch einen Arbeitgeber hatte, der ihm einen Vorteil verschaffte, um einen *Salon zu schaffen* ; Eine Maschine, die nicht mehr als unmöglich betrachtet werden kann, über den Strom eines neuen Prométhée hinaus. Es ist nicht notwendig, dass die Natur mehr Kunst und Ausrüstung verwendet, um eine Maschine zu betreten, als auch ein ganzes Jahrhundert lang alle unsere Gehirn- und Geisterbatterien zu markieren ; Das Auto ist noch nicht lange unterwegs, es ist weniger als das Barometer des Windes und der Lebhaftigkeit, von der Quelle kann es über die Natur der Welt hinausgehen. Ich täusche mich nicht, das menschliche Corps ist eine gewaltige Uhr, die mit Kunstfertigkeit und Geschicklichkeit konstruiert ist, denn das Roue, das darauf abzielt, die Sekunden, die es zu erreichen gilt, in die Minuten zu bringen und so weiter toujours son train, comme la roue des quarts continue de se mouvoir; Und darüber hinaus, wenn die Premieren, Rouillées, oder Verrücktheiten von denen, die das tun, ihren Marsch unterbrochen haben. Es ist nicht möglich, dass die Behinderung Ihrer Wäsche nicht ausreicht, um sie zu zerstören, oder die Bewegungsfreiheit zu unterbrechen, die sich in der Mitte befindet, wie in dem aus der Maschine hervorgegangenen Stück ; Im Gegenteil, die Flüssigkeitsmenge ist nicht geringer, es gibt nur wenige Minuten vom Cheminée entfernt , der Wohnort ist größer als der aktuelle Stand, die Kraft des Herzens wächst aufgrund des Widerstands, den sie haben Finden Sie die extreme Eignung der Wäsche? Wenn die Nerf-Optik nicht mehr benötigt wird, um das Bild des Objekts weiterzugeben, ist es nicht so, dass die Sehbehinderung und die Verwendung des Auges, die diese Wahrnehmung

vollkommenste [Beispiel] ist. Er ist für den Affen und die intelligentesten Tiere so, wie das Planetenpendel von Huyghens [83] für eine Uhr von Julien Leroy ist. [84] Mehr Instrumente, mehr Räder und mehr Federn waren nötig, um die Bewegungen der Planeten zu markieren, als um die Stunden zu markieren oder zu schlagen; und Vaucanson, [85] der für die Herstellung seines Flötenspielers mehr Geschick brauchte als für die Herstellung seiner Ente, hätte noch mehr nötig gehabt, um einen sprechenden Mann zu erschaffen, ein Mechanismus, der nicht mehr als unmöglich angesehen werden konnte, insbesondere in den Händen eines anderen Prometheus. Ebenso war es notwendig, dass die Natur eine ausgefeiltere Kunst zur Herstellung und Erhaltung einer Maschine nutzte, die ein ganzes Jahrhundert lang alle Bewegungen des Herzens und des Geistes markieren konnte; Denn obwohl man die Zeit nicht anhand des Pulses erkennen kann, ist er zumindest das Barometer der Wärme und Lebhaftigkeit, anhand derer man die Natur der Seele beurteilen kann. Ich habe recht! Der menschliche

beeinträchtigt, verloren gehen Die Funktionen der *Molle-Portion* sind nicht interditisch, nehmen Sie nicht an, dass sie von anderen stammen? Es gibt noch nicht einmal eine Zugabe, die eine Absicht hat, ohne dass ich die Absicht habe, sie zu verstehen (wenn sie noch nicht einmal angegriffen hat) und die anderen, die sie verstehen wollen, aber die Sprache nicht schwächt Sind Sie frei im Herzen, ist das alles, was Sie verdienen, wenn Sie mit Ihrem Partner zusammenkommen ? Phänomene, die den Ärzten nichts anhaben können. Sie liegen in der Natur des Menschen. und für mich im Vorbeigehen: von zwei Ärzten, dem Besten, dem Meister, dem ich mehr Vertrauen verdanke, dem ich treu bin, dem ich sage, dem ich mehr gesagt habe als dem Körper, [72] oder der Mechanik des menschlichen Körpers , und ich laissant l'âme und all die Fragen, die dieser Chimère von Kindern und Ignoranten hatte , war nicht ernsthaft damit beschäftigt, purer Naturalismus zu sein.

Körper ist eine Uhr, eine große Uhr, die mit so viel Geschick und Einfallsreichtum konstruiert wurde, dass, wenn das Rad, das die Sekunden anzeigt, stehenbleibt, sich das Minutenrad dreht und weiterdreht, und ebenso das Viertelstundenrad , und alle anderen laufen weiter, wenn die ersten Räder wegen Rost oder aus irgendeinem Grund außer Betrieb sind. Ist es nicht aus einem ähnlichen Grund, dass der Verschluss einiger Blutgefäße nicht ausreicht, um die Kraft der Bewegung, die im Herzen wie in der Triebfeder der Maschine steckt, zu zerstören oder außer Kraft zu setzen? denn im Gegenteil, die Flüssigkeiten, deren Volumen verringert ist, bedecken den Boden schneller, da sie einen kürzeren Weg zurücklegen müssen, getragen wie von einem frischen Strom, der die Energie des Herzens im Verhältnis zu dem Widerstand steigert, auf den es an den Enden trifft der Blutgefäße? Und ist dies nicht der Grund, warum der Verlust des Sehvermögens (verursacht durch die Kompression des Sehnervs und dadurch, dass er aufhört, Bilder von Objekten zu übermitteln) das Hören nicht mehr behindert, als der Verlust des Gehörs (verursacht durch Behinderung der Funktionen des Sehnervs)? Hörnerv) bedeutet den Verlust des Sehvermögens? Ebenso hört endlich einer (außer unmittelbar nach seinem Anfall), ohne sagen zu können, dass er hört, während ein anderer, der nichts hört, dessen Zungennerven aber im Gehirn unversehrt sind, mechanisch von allen Träumen erzählt Was geht ihm durch den Kopf? Diese Phänomene überraschen aufgeklärte Ärzte überhaupt nicht. Sie wissen, was sie über die Natur des Menschen zu denken haben, und (genauer gesagt, um mich nebenbei auszudrücken) von zwei Ärzten ist meiner Meinung nach immer der bessere und derjenige, der mehr Vertrauen verdient, der sich mit dem Körperbau besser auskennt bzw Mechanismus des menschlichen Körpers, und der, abgesehen von der Seele und all den Ängsten, die diese Chimäre Narren und unwissenden Menschen bereitet, sich ernsthaft nur mit reinem Naturalismus beschäftigt.

Laissons sagte nicht, Mr. Charp sei der Philosoph, der die Tiere wie Maschinen daher den angeblichen M. Charp Philosophen betrachtete. Das ist ein Unterschied! Ich glaube, Descartes war für uns alle ein respektabler Mann, er war in einem Jahrhundert, in dem er nicht in der Lage war, sich zu erheben, und er hatte den Preis für Erfahrung und Beobachtung sowie die damit verbundene Gefahr in sich écarter. Es ist jedoch nicht mein einziges Mal, dass ich eine authentische Wiedergutmachung für den großen Mann habe, für alle diese kleinen, sanftmütigen Philosophen und die sanftmütigen Lieder von Locke, die anstelle von Descartes unverschämt waren und die Seelen verloren haben Was ohne den Meister der Philosophie, mit dem guten Esprit ohne Newton, könnte noch eine Zugabe sein.

verspotten, die Tiere als Maschinen betrachtet haben. Wie anders ist meine Sicht! Ich glaube, dass Descartes in jeder Hinsicht ein Mann wäre, der Respekt verdient, wenn er, geboren in einem Jahrhundert, das er nicht aufklären musste, den Wert von Experimenten und Beobachtungen und die Gefahr, sich davon zu lösen, gekannt hätte . Dennoch ist es für mich gerechtfertigt, diesem großen Mann eine echte Wiedergutmachung für all die unbedeutenden Philosophen – arme Narren und arme Nachahmer von Locke – zu leisten, die, anstatt unverschämt über Descartes zu lachen, vielleicht besser erkennen würden, dass ohne ihn das Gebiet der … Philosophie wäre, wie das Gebiet der Wissenschaft ohne Newton, vielleicht noch unkultiviert.

Es war wahr, dass dieser berühmte Philosoph sehr verärgert war, und die Person war nicht unangenehm. Mais enfin il a connu la nature animale; Das erste Mal, dass sich die Tiere in reinen Maschinen befinden, wurde zerlegt. Oder, nachdem ich herausgefunden habe, dass diese Wichtigkeit wichtig ist, und wenn ich davon ausgehe, dass sie, ohne Undankbarkeit, keine Gnade für alle Fehler hat !

Dieser berühmte Philosoph wurde allerdings sehr getäuscht, und das bestreitet niemand. Aber auf jeden Fall verstand er die Natur der Tiere, er war der Erste, der vollständig bewies, dass Tiere reine Maschinen sind. [86] Und wie können wir nach einer so wichtigen Entdeckung, die so viel Scharfsinn erfordert, ohne Undankbarkeit nicht alle seine Fehler verzeihen!

Sie sind gerade dabei, alle Reparaturen auf diesem großen Weg durchzuführen. Schließlich sang ich über die Unterscheidung zweier Substanzen, es war sichtbar, dass es sich nicht um eine Tour handelte, ein Stilmittel, um die Theologie zu verbessern und ein Gift in die Dunkelheit zu bringen Analogie: Wer ist die ganze Welt, und alle sind nicht weg. Das ist sie, das ist diese starke Analogie, die alle Gelehrten und Männer dazu zwingt, | 73 | zu lieben, die sie umsonst und vergebens haben, und die sich durch ihren Orgueil auszeichnen, den ihr Männername auszeichnet, weil sie darum beneidet werden Sie wissen nicht, dass Tiere und Maschinen in der Luft wuchern. Sie sagen immer, dass sie ihr wunderbarer Instinkt sind, dass ihre Ausbildung kein Geist ist, und dass sie ihr ganzes Leben lang in ihrem Herzen belagert haben, und zwar so sehr, dass sie verknöchert sind, in der Mächtigkeit, und in ihr versunken sind Cervelet; Ich bin gesegnet, weil ich 8 Jahre lang Squirreux gefunden habe, ohne dass diese Funktion unterbrochen wurde.

In meinen Augen werden sie alle durch dieses große Geständnis gesühnt. Denn obwohl er die Unterscheidbarkeit der beiden Substanzen hervorhebt, handelt es sich doch offensichtlich nur um einen Trick des Geschicks, eine List des Stils, um die Theologen dazu zu bringen, ein Gift zu schlucken, das im Schatten einer Analogie versteckt ist, die allen anderen auffällt und nur sie allein Nicht bemerken. Denn es ist diese starke Analogie, die alle Gelehrten und weisen Richter dazu zwingt, zuzugeben, dass diese stolzen und eitlen Wesen, die sich mehr durch ihren Stolz als durch den Namen Menschen auszeichnen, so sehr sie sich auch verherrlichen wollen, im Grunde nur Tiere sind und Maschinen, die zwar aufrecht, aber auf allen Vieren gehen. Sie alle haben diesen wunderbaren Instinkt, der durch die Erziehung zum Geist entwickelt wird und der seinen Sitz immer im Gehirn hat (oder mangels eines solchen, wenn er fehlt oder verhärtet ist, in der Medulla oblongata) und niemals im Kleinhirn ; denn ich habe oft Verletzungen des Kleinhirns gesehen, und andere Beobachter haben

Eine Maschine, die weiß, denkt, weiß, wie man ein kleines Kind auswählt, wie ein blaues Gelb, und ein Motorrad hat keine Intelligenz und keinen Instinkt für die Moral, und es ist kein Tier, das man nicht wählt Es gibt keine weiteren Widersprüche, wenn man einen singenden oder einen Perroquet-Mann braucht und sich damit auskennt, wie man plaisirt. Auto, wenn der Anlass vor einem schrecklichen Ereignis steht, muss jeder *von vornherein* einen Likör haben, der in die Verbindung mit der Gesellschaft eintritt, um göttliche Wünsche zu erfüllen, und er ist ein kleines Wesen, das ihm gefällt Ein Tag, *posées bestimmte lois, jouir of memes delices* ? Ich denke darüber nach, ob sie mit dem organisierten Material inkompatibel sein könnte, ob sie wie ein Eigentum aussieht, was die Elektrizität, die motorische Fähigkeit, die Leistungseinbußen, die Verzögerung usw. angeht.

Voulez vous de nouvelles Beobachtungen? Ich habe gesagt, dass es keine Repliken gibt und dass ich beweisen kann, dass der Mensch in seiner Herkunft dem Tierparfaite ähnelt, und zwar in dem Sinne, dass wir uns für den Vergleich entschieden haben.

Ich appelliere an die Güte unserer Beobachter. [74] Wenn wir nicht glauben, dass der Mann als Sohn des Prinzen nicht weiß, dass er ein abweichender Mann ist, wie der Chenille Papillon. Mehr als 9 Autoren von Graves HYPERLINK

festgestellt, dass es verhärtet ist, wenn die Seele nicht aufgehört hat, ihre Funktionen zu erfüllen.

Eine Maschine zu sein, zu fühlen, zu denken, zu wissen, wie man Gut von Böse und Blau von Gelb unterscheidet, mit einem Wort, mit einer Intelligenz und einem sicheren moralischen Instinkt geboren zu sein und nur ein Tier zu sein, Es sind also Charaktere, die nicht widersprüchlicher sind, als ein Affe oder ein Papagei zu sein und sich Vergnügen bereiten zu können ... Ich glaube, dass das Denken so wenig unvereinbar mit der organisierten Materie ist, dass es eine ihrer Eigenschaften zu sein scheint gleichbedeutend mit Elektrizität, der Fähigkeit zur Bewegung, Undurchdringlichkeit, Ausdehnung usw.

Wünschen Sie weitere Beobachtungen? Hier sind einige, die unbestreitbar sind und die alle beweisen, dass der Mensch den Tieren vollkommen ähnelt, sowohl in seinem Ursprung als auch in allen Punkten, in denen wir einen Vergleich für wesentlich gehalten haben ...

"https://gutenberg.org/files/52090/52090
-h/52090-h.htm" \l "xd21e1242" haben uns
bereits einen Kommentar gegeben, den sie
unbedingt lesen wollten, um dieses Tier zu
sehen. Alle Kuriositäten habe ich gesehen,
wie Hartsoeker , in der zweiten Hälfte des
Mannes und nicht in der Zelle der Frau; Ich
weiß nicht, ob die Leute Skrupel haben. Weil
jedes Sperma eine Unendlichkeit von diesen
kleinen Tieren enthält, die ins Ei geschossen
sind, ist es nicht mehr geschickt oder kräftig
genug, um die Kraft des Einsetzens und
Einsetzens in sie aufzubringen Es war eine
Frau, die sie zum ersten Mal ernährte. Dies
war eine überraschende Überraschung unter
den Trompeten von Fallope, die von diesen
Kanadiern in die Matrize gebracht wurden,
oder er schnappte nach Racine, wie ein
Blutkorn auf der Erde. Aber was für ein
Ungeheuer seit 9 Monaten ist, es gibt keinen
Unterschied zwischen den Arbeiten anderer
Frauen, denn es ist nicht so, dass die Frucht
(die Amnion) nicht lange auf sich warten
lässt, und sie wird ihr Wunder ausdehnen,
bis zu einem *gewissen* Grad Es kann sein, dass
man die Föten in der Situation und auf dem
Prüfstand   vergleicht   (was   ich   als
Beobachterin bei einer verstorbenen Frau
im Augenblick vor dem Kind beobachten
kann), mit anderen kleinen Embryonen, die
sich bereits auf die Herkunft ihres Kindes
berufen haben: Während er sich in seiner
Hülle aufhielt, und das Tier in seiner Tasche,
das in seinen Bewegungen entstand, suchte
er maschinell nach dem Tag; Und für die
Zukunft beginnt das Spiel mit dem Kopf
dieser Membran, d' où il sorte, wie das
Huhn, das Oiseau usw., von der Frau. Ich
habe eine Beobachtung gemacht, die keinen
einzigen Teil gefunden hat ; Das bedeutet,
dass die *Amnios* nicht mehr zerkleinert sind,
um eine wunderbare Wirkung zu erzielen.
Es scheint, als ob die Substanz der

Matrix nicht gleicht, auch wenn sie erfolgreich infiltriert wird, unabhängig von der Regeneration und dem Einsatz aller ihrer Blutgefäße.

Voyons l'homme dans et hors de sa coque; Untersuchungen mit einem Mikroskop für mehrere junge Embryonen, 4, 6, 8 oder 15 Tage; Nach dieser Zeit reicht es aus. Que voit- on? la tête seule; Eine kleine Runde mit zwei schwarzen Punkten, die ihr verdient. Bevor Sie diese Zeit in Anspruch nehmen, müssen Sie sich darüber im Klaren sein, dass es sich um einen mittelschweren Stoff handelt, der aus der Quelle der Nerfs stammt, oder das Gefühlsprinzip und den Kern, den Sie kennengelernt haben Ich sitze in diesem Pulpe der Kampfkraft : Es ist der *entscheidende Punkt* von Malpighi, der möglicherweise einen Teil davon entfernt hat, durch den Einfluss der Nerfs belebt zu werden. Ensuite peu-à-peu on voit the tête allonger the col, qui en se dilatant forme a bord the *thorax* , où the cœur a déjà senkte, pour s'y fixer; Sobald der Bauch geöffnet ist, muss ein Verschluss (das Zwerchfell) getrennt werden. Diese Erweiterungen umfassen eine, die BHs, die Hauptleitungen, die Hände, die Nägel und die Poils; Die anderen Cuisses, die Jambes, die Pieds usw., mit dem jeweiligen Unterschied in der Situation, in der sie sich befand, bis sie ankam und das Gleichgewicht des Korps herstellte. Das ist eine frappante Vegetation. Dies ist der Grund, weshalb wir uns an der Schwelle unserer Têtes befinden; Das sind die Feuilles und die Blumen. Teilweise ist es das Luxusstück der Natur; Und schließlich ist der Geist des Pflanzenretters auf unserer Seite, die Quintessenz des Menschen.

Beobachten wir den Menschen sowohl innerhalb als auch außerhalb seiner Hülle, untersuchen wir junge Embryonen von vier, sechs, acht oder fünfzehn Tagen mit einem Mikroskop; Danach reichen unsere Augen aus. Was sehen wir? Der Kopf allein; ein kleines rundes Ei mit zwei schwarzen Punkten, die die Augen markieren. Vorher ist alles formlos, und man sieht nur ein Markmark, das Gehirn, in dem sich zunächst die Wurzeln der Nerven, also das Gefühlsprinzip, bilden, und das Herz, das bereits in dieser Substanz das hat Kraft, sich selbst zu schlagen; es ist das *Punctum saliens* von Malpighi, das vielleicht schon einen Teil seiner Erregbarkeit dem Einfluss der Nerven verdankt. Dann sieht man nach und nach, wie sich der Kopf vom Hals aus verlängert, der bei der Erweiterung zunächst den Brustkorb bildet, in den das Herz bereits eingesunken ist, um dort stationär zu werden; Darunter befindet sich der Bauch, der durch eine Trennwand (das

Sagen Sie, es ist die Einheitlichkeit der Natur, die von Anfang an beginnt, und die Analogie der Tier- und Pflanzenherrschaft, vom Menschen zur Pflanze. Könnte es sein, dass Sie [76] und die Pflanze ein Tier sind, wenn Sie ein Vegetarier sind, oder wie Polypen oder eine andere Art von Tierfunktion ?

Voilà à peu près tout ce qu'on sait de la generation. Was für Partys, die sich anziehen, die für ein Ensemble und für den Bewohner oder den Ort bestimmt sind, werden alle ihrer Natur nahestehenden Personen wiedererkennen; Und was die

Zwerchfell) unterteilt ist. Eine dieser Vergrößerungen des Körpers bilden die Arme, die Hände, die Finger, die Nägel und die Haare; die andere bildet die Oberschenkel, die Beine, die Füße usw., die sich nur in ihrer beobachteten Lage unterscheiden und die Stütze und den Gleichgewichtspol des Körpers bilden. Der gesamte Prozess ist eine seltsame Art des Wachstums, wie bei Pflanzen. Auf unseren Köpfen befinden sich Haare, an deren Stelle die Pflanzen Blätter und Blüten haben; Überall zeigt sich derselbe Luxus der Natur, und schließlich wird das leitende Prinzip der Pflanzen dort platziert, wo wir unsere Seele haben, diese andere Quintessenz des Menschen.

Das ist die Einheitlichkeit der Natur, die wir allmählich zu erkennen beginnen; und die Analogie des Tierreichs mit dem Pflanzenreich, des Menschen mit der Pflanze. Vielleicht gibt es sogar tierische Pflanzen, die im vegetativen Zustand entweder wie Polypen kämpfen oder andere für Tiere charakteristische Funktionen erfüllen ...

Leute angeht, den Kopf, den Körper und schließlich das gesamte Korps, wie der große Mann es geschrieben hat, so ist es möglich. Aber aufgrund meiner Erfahrung, die wir in der Umgebung dieser Subtilitäten aufgegeben haben , kann ich mir nicht vorstellen, dass sie mir in den Sinn kommt, ein undurchdringliches Geheimnis zu haben. Es ist so selten, dass sich die beiden Sitzungen im Kongress treffen, da ich mir vorstelle, dass die Sitzung der Frau seit der Generation unbrauchbar ist.

Noch ein Kommentar zur Erklärung der Phänomene, ohne dass es eine enge Beziehung zwischen den Parteien gäbe, die wissen, ob die Ähnlichkeiten zwischen Kindern, dem Vater oder der Mutter zu Grunde liegen? An einer anderen Stelle sind die Schwierigkeiten einer Erklärung, die ein Gegengewicht darstellt, fertig ? Es liegt mir am Herzen, dass es der Mann ist, der alles geschafft hat, und eine Frau, die dort ist, wie auch die Gleitfähigkeit. Die Organisation der Partys war bis in alle Ewigkeit in der Familie oder im gleichen Leben wie bei einem Mann abgeschlossen. Mais tout ceci est au-dessus de la portée des plus exzellenten Beobachtern. Da sie vielleicht nicht in der Lage sind, die Mechanik der Formation und die Entwicklung des Korps zu übertreffen, ist der Weg zu einem grauen Fleck, auf dem möglicherweise ein Cerf läuft.

Unsere warmen Sommertage sind im Champ de la Nature taupefarben ; Wir haben keine Ahnung, welches Tier dieses Tier trägt. Und das ist unser Orgueil, der [77] so geboren ist, dass er keinen Punkt hat. Wir sind in dem Fall, in dem wir uns befinden: (Ein Fabelhafter und eine Person, die in einer frivolen Arbeit eine Konsequenz hat) „Quoi! Das ist es, was ich geschafft Wir sind wahre Maulwürfe im Bereich der Natur; Wir erreichen kaum mehr als die Reise des Maulwurfs und es ist unser Stolz, der dem Grenzenlosen Grenzen setzt. Wir sind in der Lage einer Uhr, die sagen sollte (ein Fabelnschreiber würde

habe, ich möchte die Zeit aufteilen! Meiner Meinung nach ist es mir ein Anliegen, den Weg zur Sonne zu beschreiten. Ich höre mir schon die nächsten Stunden an, die ich noch nicht gesehen habe! Nein, das kann dir nicht passieren." Wir sind von mir überzeugt, ich bin dankbar, dass wir Kinder sind, diese weitere Gemeinde von allen Herrschern , als Eltern die Chimistes. Wir haben uns vorgestellt oder vermutet, dass es eine Sache gibt, die über uns liegt, während wir uns auf den Weg machen, und das ist wirklich eine unvorstellbare Sache. Nicht, das Material ist nicht nutzlos , wenn Sie mehr Geld verdienen, als es noch brillantere Leistungen erbringt; Und die Natur ist nicht der Punkt, an dem sie geboren wird. Es handelte sich um ein Produkt von Millionen von Männern mit mehr Komfort und Bequemlichkeit, eine Uhr, die bis zur Uhr am besten ausgestattet war. Seine Kraft ist gleichermaßen hoch und in der Produktion von mehr als einem bösen Insekt, und in der Zelle des Mannes ist es noch besser ; Das Tier regiert nicht so lange, bis das Gemüse wächst, und es ist nicht so schön, dass es ein weißes Blut ist. Denken Sie daran, wer wir sind, wer wir sind, wird von der Neugier unserer Kinder und unserer Recherchen geweckt, und es gibt keine Fantasien, die uns in den Bann ziehen . Suivons le singe, le castor, l'eléphant, etc., dons leurs operationes. Ist es offensichtlich, dass sie nicht ohne Intelligenz auskommen, weil sie diese Tiere verweigern? Und wenn Sie sich einig sind, werden Sie begeistert sein; Sie sind sich sicher, dass Sie sich nicht für die Natur entschieden haben, denn Sie werden die Unsterblichkeit genießen; Was weißt du nicht, ist das eine kostenlose Behauptung? Du weißt nicht, was für eine Mortelle, oder Immortelle, [78] wie unser Vater ist, lass sie nicht unter mir erscheinen, als ob sie so

die Uhr zu einem Helden in einer albernen Geschichte machen): „Ich wurde nie von diesem dummen Arbeiter gemacht, der die Zeit teilt, der die Zeit so genau markiert." Lauf der Sonne, der laut die Stunden wiederholt, die ich markiere! NEIN! das ist unmöglich!" Ebenso verachten wir, die undankbaren Unglücklichen, die wir sind, diese gemeinsame Mutter aller Königreiche, wie die Chemiker sagen. Wir stellen uns eine Ursache vor, oder besser gesagt, wir schließen daraus, dass sie höher ist als die, der wir alles verdanken, und die tatsächlich alle Dinge auf unvorstellbare Weise bewirkt hat. NEIN; Materie enthält nichts Niedriges, außer für die vulgären Augen, die sie in ihren prächtigsten Werken nicht erkennen; und die Natur ist kein dummer Arbeiter. Sie erschafft Millionen von Männern mit einer Leichtigkeit und einem Vergnügen, die intensiver sind als die Anstrengung eines Uhrmachers, die komplizierteste Uhr herzustellen. Ihre Kraft strahlt gleichermaßen bei der Erschaffung des niedrigsten Insekts und bei der Erschaffung des am höchsten entwickelten Menschen; Das Tierreich

wäre! Und was ist *mit Scilla, um Caribde zu verlassen* ?

kostet sie nicht mehr als das Pflanzenreich und das großartigste Genie nicht mehr als einen Weizenhalm. Beurteilen wir also das, was wir von dem sehen, was der Neugier unserer Augen und unserer Nachforschungen verborgen bleibt, und stellen wir uns nichts darüber hinaus vor. Beobachten wir den Affen, den Biber, den Elefanten usw. bei ihren Operationen. Wenn klar ist, dass diese Aktivitäten ohne Intelligenz nicht durchgeführt werden können, warum sollte man dann diesen Tieren Intelligenz verweigern? Und wenn ihr ihnen eine Seele schenkt, seid ihr verloren, ihr Fanatiker! Sie werden vergebens sagen, dass Sie nichts über die Natur der Tierseele behaupten und ihre Unsterblichkeit leugnen. Wer sieht nicht, dass dies eine unbegründete Behauptung ist? Wer sieht nicht, dass die Seele eines Tieres entweder sterblich oder unsterblich sein muss, was auch immer unsere ist, und dass sie daher das gleiche Schicksal erleiden muss wie unsere, was auch immer das sein mag, und dass er also zugibt, dass Tiere Seelen haben?], fällst du in Skylla, um Charybdis auszuweichen?

Brisez la chaîne de vos prejugés; Armez-vous du flambiere of the experience and you ferez à la nature l'honneur qu'elle merite, au lieu de rien conclue à son désavantage, de l'ignorance où elle you a laissé. Lassen Sie sich nicht entmutigen und lassen Sie es nicht zu, dass Sie es nicht verstehen. Und Sie sind sich sicher, dass der Geist und die Lichter dieses Arbeiters nicht über die Lenden hinausgehen, die die Bretter ihres Sillons bilden, kein wesentlicher Unterschied zwischen dem großen Geist und der Zerlegung der Cerveaux von Descartes und Newton : Sie sind davon überzeugt, dass der Idiot oder der Dumme nicht in der Lage ist, die menschliche Figur zu machen, denn der einzige Mensch mit viel Geist ist ein kleiner Mann wie eine andere; Und wenn es überhaupt von der Vielfalt der Organisation abhängt, ist es ein Tier, das gut konstruiert ist, und wenn man die Astronomie kennt, kann es einer Sonnenfinsternis vorausgehen, wie dem Krieg oder dem Tod, wenn es nach der Zeit des Geistes an die Tür kommt Und gute Leute an der Schule von Hippokrates und auf dem Weg der Krankheit. Aus dieser Beobachtungs- und Sachverhaltsdatei geht hervor, dass ich dem bewundernswerten Eigentum der Person zugestimmt habe, ohne dass ich die Pfandrechte wahrnehmen kann, weil das Thema dieses Attributs uns im Grunde nicht bekannt ist.

Brechen Sie die Kette Ihrer Vorurteile, bewaffnen Sie sich mit der Fackel der Erfahrung, und Sie werden der Natur die Ehre erweisen, die sie verdient, anstatt aus der Unwissenheit, in der sie Sie zurückgelassen hat, etwas zu ihrem Nachteil abzuleiten. Öffnen Sie nur Ihre Augen weit, ignorieren Sie nur das, was Sie nicht verstehen können, und Sie werden sehen, dass der Pflüger, dessen Intelligenz und Ideen nicht über die Grenzen seiner Ackerfurche hinausgehen, sich nicht wesentlich vom größten Genie unterscheidet – eine Wahrheit, die die Sektion zeigt von Descartes' und von Newtons Gehirnen hätte bewiesen; Sie werden davon überzeugt sein, dass der Idiot und der Narr Tiere mit menschlichen Gesichtern sind, so wie der intelligente Affe ein kleiner Mann in einer anderen Gestalt ist; Kurz gesagt, Sie werden lernen, dass ein gut gebautes Tier, das Astronomie studiert hat, eine Sonnenfinsternis vorhersagen kann, da alles absolut von der unterschiedlichen Organisation abhängt , so wie es Genesung oder Tod vorhersagen kann, wenn es sein Genie und seine klare Sicht eingesetzt hat eine

Zeit, in der Schule des Hippokrates und am Krankenbett. Durch diese Reihe von Beobachtungen und Wahrheiten verbinden wir die bewundernswerte Kraft des Denkens mit der Materie, ohne die Zusammenhänge erkennen zu können, da der Gegenstand dieser Eigenschaft uns im Wesentlichen unbekannt ist.

Es liegt nicht daran, dass die ganze Maschine, das ganze Tier, alles in Ordnung ist, oder nach dem Tod eine andere Form annimmt ; Wir wissen nicht, wie man Absolument rien macht. Ich versichere Ihnen jedoch, dass eine Immortelle-Maschine ein Chimère oder ein *Lebenswerk ist* . Es ist völlig absurd, dass Sie Chenilles hergestellt haben, die die Dépouilles ihrer Ähnlichkeiten sehen, | 79 | bedauern die Veränderung ihrer Art Es ist wichtig, dass sie den Eindruck erweckt, sie sei unzufrieden. Das Wesen dieser Insekten (jeweils ein Tier in der Wildnis) ist ursprünglich geboren, um die Metamorphosen der Natur zu verstehen. Ich habe mir nur ein paar weitere Tricks vorgestellt, von denen ich mir nicht vorstellen konnte, dass sie Papillon bekommen würden. Es ist das Gleiche von uns. Was wissen wir über unser Schicksal, was ist unser Ursprung? Soumettons-nous-nous donc à unvincible ignorance de la source notre bonheur dépend.

Sagen wir nicht, dass jede Maschine oder jedes Tier ganz zugrunde geht oder nach dem Tod eine andere Form annimmt, denn wir wissen absolut nichts über das Thema. Andererseits ist die Behauptung, dass eine unsterbliche Maschine eine Chimäre oder eine logische Fiktion sei, eine ebenso absurde Argumentation, wie Raupen denken würden, wenn sie beim Anblick der abgeworfenen Häute ihrer Artgenossen ihr Schicksal bitter beklagen würden Arten, die für sie scheinbar zu nichts führen. Die Seele dieser Insekten (denn jedes Tier hat seine eigene) ist zu begrenzt, um die Metamorphosen der Natur zu begreifen. Keiner der geschicktesten unter ihnen hätte sich vorstellen können, dass daraus ein Schmetterling werden würde. Bei uns ist es

Ich denke darüber nach, sera sage, juste, quietle sur son sort, and consequent heureux. Il attendra la mort, sans la crindre, ni la désirer; und chérissant la vie, comprenant à peine comment le dégoût vient corrompre an cœur dans ce lieu plein delices; Voller Respekt vor der Natur, voller Aufklärung, Verbundenheit und Zärtlichkeit, im Verhältnis zu Gefühl und Bienfaits, die ihm zuteil werden, am Ende der Seele und vor dem bezaubernden Schauspiel der Welt, Es gibt keine Gewissheit, dass der Détruira daneben liegt, aber nicht in den anderen. Que dis- je! Voller Humanität, er zielte darauf ab, den Charakter gerade in seiner Feindschaft zu zeigen. Jugez comme il traitera les autres! Il plaindra les vicieux, sans les haïr; Das stimmt nicht mit denen überein, die der Mensch misshandelt. Aber ich bewundere nicht mehr meine Schönheiten und ihre Vertuschen als die Standardformationen des Geistes und des Körpers. Was die Aura der Natur dem Menschen vorzieht, ist ein großer Vorteil, und die Menschen, die die Aura lieben, sind in Marâtre versunken. Das ist mir klar, dass die Herren der Natur, die Quelle des Ganzen, das sie erhalten haben, in der Tasche und im Material des Hommagematerials gefunden haben, das alles andere als ihr Unrecht verweigert. Enfin le | 80 | matérialist convaincu, quoi que murmure sa prore vanity, qu'il'est qu'one qu'one machine, or an animal, ne maltraitera point ses semblables; Lassen Sie

genauso. Was wissen wir mehr über unser Schicksal als über unsere Herkunft? Unterwerfen wir uns dann einer unbesiegbaren Unwissenheit, von der unser Glück abhängt.

Wer so denkt, wird weise, gerecht, gelassen über sein Schicksal und daher glücklich sein. Er wird ohne Furcht oder Verlangen auf den Tod warten und das Leben wertschätzen (wobei er kaum versteht, wie Ekel an diesem Ort vieler Freuden ein Herz verderben kann); er wird von Ehrfurcht, Dankbarkeit, Zuneigung und Zärtlichkeit für die Natur erfüllt sein, je nachdem er die Vorteile empfindet, die er von der Natur erhalten hat; Kurz gesagt, er wird glücklich sein, die Natur zu spüren und dem bezaubernden Schauspiel des Universums beizuwohnen, und er wird sicherlich niemals die Natur zerstören, weder in sich selbst noch in anderen. Mehr als das! Voller Menschlichkeit wird dieser Mann den menschlichen Charakter auch bei seinen Feinden lieben. Beurteilen Sie, wie er andere behandeln wird. Er wird die Bösen bemitleiden, ohne sie zu hassen; in seinen Augen werden sie nur schlecht

sich nicht von der Natur dieser Handlungen ableiten, denn die Unmenschlichkeit ist in jedem Fall im Verhältnis zum Grad der Analogie, die sie hervorbringen; Und ich wollte nicht in ein anderes Land gehen, nachdem die Natur, die wir mit allen Tieren verbanden, im Ausland so war, dass ich nicht wusste, dass sie zu mir passte.

gemachte Männer sein. Aber indem er die Fehler in der Struktur von Geist und Körper verzeiht, wird er nichtsdestotrotz die Schönheiten und Tugenden beider bewundern. Diejenigen, die die Natur bevorzugt hat, werden ihm mehr Respekt verdienen als diejenigen, die sie stiefmütterlich behandelt hat. So erlangen, wie wir gesehen haben, die natürlichen Gaben, die Quelle aller Errungenschaften, von den Lippen und dem Herzen des Materialisten die Ehrerbietung, die ihnen jeder andere Denker zu Unrecht verweigert. Kurz gesagt, der Materialist, der trotz der Proteste seiner Eitelkeit davon überzeugt ist, dass er nur eine Maschine oder ein Tier ist, wird seinesgleichen nicht misshandeln, denn er wird die Natur dieser Handlungen nur zu gut kennen, deren Menschlichkeit immer in ihm steckt Verhältnis zum Grad der oben nachgewiesenen Analogie [zwischen Menschen und Tieren]; und dem natürlichen Gesetz folgend, das allen Tieren gegeben ist, wird er anderen nicht das antun wollen, was er nicht möchte, dass sie es ihm antun.

Es ist nicht schwierig, zu dem Schluss zu kommen, dass der Mann eine Maschine ist. Und es gibt im ganzen Universum eine Substanz, die sich verändert hat. Dies ist nicht der Punkt, an dem eine Hypothese die Kraft von Forderungen und Annahmen erhebt: Dies ist der Punkt, an dem Sie sich entscheiden müssen, nicht aus meiner eigenen Daseinsberechtigung; Ich habe mir einen Führer ausgedacht, der mir wichtig ist, wenn ich ihn brauche, um ihn zu erhitzen, und um ihn zu erhitzen, muss ich mich nicht mit dem Feuer befassen. Die Erfahrung muss aus Gründen des Lebens besprochen werden ; Das ist alles, was ich für ein gemeinsames Ensemble brauche.

Lassen Sie uns also kühn zu dem Schluss kommen, dass der Mensch eine Maschine ist und dass es im gesamten Universum nur eine einzige Substanz gibt, die unterschiedlich modifiziert ist. Dabei handelt es sich nicht um eine Hypothese, die auf einer Reihe von Postulaten und Annahmen beruht; es ist nicht das Werk von Vorurteilen, noch nicht einmal allein meiner Vernunft; Ich hätte einen Führer, den ich für so unzuverlässig halte, verachtet, wenn mich nicht meine Sinne, sozusagen mit einer Fackel, dazu gebracht hätten, der Vernunft zu folgen und mir den Weg selbst zu erhellen. Die Erfahrung hat also im Namen der Vernunft zu mir gesprochen; und auf diese Weise habe ich beides kombiniert.

Aber ich weiß nicht, dass es mir nicht erlaubt ist, mehr Strenge zu besitzen und sofort müde zu werden, weil ich aus der Reihe einer Vielzahl von körperlichen Beobachtungen weiß, was ich nicht kann ; Und das ist noch einmal so, dass ich darüber nachdenke, welche Konsequenzen das für mich haben wird; Ich rekussiere mich auf alle meine Vorfahren, und ich bin kein Anatom und kenne die eigene Philosophie nicht, die ich hier in der Zelle des menschlichen Körpers habe. Ich glaube, dass es sich dabei um ein

Aber es muss aufgefallen sein, dass ich mir nicht einmal die energischsten und unmittelbar abgeleiteten Argumente erlaubt habe, es sei denn, sie stützen sich auf eine Vielzahl von Beobachtungen, die kein Gelehrter bestreiten wird; und darüber hinaus erkenne ich nur Gelehrte als Richter der Schlussfolgerungen an,

aussergewöhnliches und solides Werk handelt, das die besten Fähigkeiten der Theologie, der Metaphysik und der Schulen sind; Puériles-Armee, Ähnlichkeiten mit Blumen aus unseren Häusern, die vielleicht gut daran sind, die Straftat zu begehen, aber sie haben ihren Widersacher enttarnt. Es liegt mir schwer, über diese bedeutungslosen und trivialen Ideen zu reden, die | 81 | diese Begründungen widerlegt und beleidigt werden, weil ich mich auf die angebliche Inkompatibilität zweier Substanzen verlassen muss, die berührt und ohne Rücksicht auf eine andere Person berührt werden Was bedeutet, dass die Farbe des Vorläufers oder des Aberglaubens auf der Erde verblieben ist? Voilà, mein System, oder du hast die Wahrheit gesagt, ich kann mich nicht aus der Ruhe bringen. Sie ist höflich und einfach. Dispute à présent qui voudra! | 83 |

die ich aus den Beobachtungen ziehe; und ich fordere hiermit jeden voreingenommenen Menschen heraus, der weder Anatom ist noch mit der einzigen Philosophie vertraut ist, die hier in Betracht gezogen werden kann, nämlich der des menschlichen Körpers. Was könnten gegen eine so starke und solide Eiche die schwachen Schilfrohre der Theologie, der Metaphysik und der Schulen schon nützen – kindische Arme, wie unsere Salonfolien, die zwar das Vergnügen des Fechtens bereiten, aber niemals einen Gegner verletzen können . Muss ich sagen, dass ich mich auf die leeren und trivialen Vorstellungen beziehe, auf die bemitleidenswerten und abgedroschenen Argumente, die für die angebliche Unverträglichkeit zweier Substanzen, die sich treffen und sich gegenseitig bewegen, vorgebracht werden (solange der Schatten des Vorurteils oder des Aberglaubens auf der Erde bleibt). andere unaufhörlich? Das ist mein System, oder besser gesagt die Wahrheit, es sei denn, ich werde sehr getäuscht. Es ist kurz und einfach. Bestreite es jetzt , wer will.

---

1 Il péche Beweis par une Pétition de principe .

2 Die Geschichte der Tiere und des Menschen bezeugt Das Reich der Semence des Pères sur l'esprit und des Corps des enfants .

3 L'auteur de l'Histoire naturelle de l'âme etc .

4 L'auteur de l'Hist . de l'âme .

5 Es war eine Zugabe vor dem Haus der Menschen , qui, faute d'un plus grand nombre de signes , ne peuvent compter que jusqu'à 20.

6 Dans un cercle, ou à table, il lui Fallait Toujours un rempart de chaises, ou Quelqu'un dans voisinage du côté gauche, pour l'empêcher de voir des bîmes épouvantables dans lesquels il craignait quelquefois de tomber , quelque Erkenntnis qu'il eut de ces Illusionen. Quel ausschweifend effet de l'imagination , ou Düne Einzigartige Zirkulation in einem Gehirnlappen ! Grand homme d'un côté , il était à moitié fou de l'autre . Die Folie und die Sagesse verfügbar chacun leur Département , ou leur *Lappen* , getrennt vom *Faux* . De quel côté Tenait -il si fort à Mrs. de Port-Royal? Ja lu Das ist ein Auszug aus dem *Verräter von Mr. de la Mettrie* .

7 Au moins par les vaisseaux . Est-il sûr qu'il Nein Was ist mit den Nerfs?

8 Haller dans les *Transact. Philosoph* .

9 Boerhaave , *Inst. Med.* et tant d'autres .

1 Er irrt sich offensichtlich, indem er die Frage aufwirft.

2 Die Geschichte der Tiere und der Menschen beweist, wie der Geist und der Körper von Kindern durch das Erbe ihrer Väter dominiert werden.

3 Der Autor von „The Natural History of the Soul".

4 Der Autor von „The History of the Soul".

5 Es gibt auch heute noch Völker, die mangels einer größeren Zahl von Zeichen nur bis 20 zählen können.

6 In einer Gesellschaft oder bei Tisch brauchte er immer einen Schutzwall aus Stühlen oder jemanden in seiner Nähe auf der linken Seite, um zu verhindern, dass er schreckliche Abgründe sah, in die er (obwohl er diese Illusionen verstand) manchmal fürchtete, er könnte hineingehen fallen. Was für ein schreckliches Ergebnis der Einbildungskraft oder der eigentümlichen Zirkulation in einem Gehirnlappen! Auf der einen

Seite seines Wesens war er ein großartiger Mann, auf der anderen Seite war er halb verrückt. Wahnsinn und Weisheit hatten jeweils ihre eigene Abteilung oder ihren Lappen, beide waren durch einen Spalt getrennt. Auf welcher Seite war er so stark mit den Herren von Port Royal verbunden? (Ich habe dies in einem Auszug aus der Abhandlung über Schwindel von M. de la Mettrie gelesen .) ↑

7 Haller im *Transact* . *Philosoph* . ↑

DIE NATURGESCHICHTE DER SEELE.

VON JEAN OFFRAY DE LA METTRIE.

EXTRAKTE.

KAPITEL II. BEZÜGLICH DER MATERIE.

Alle Philosophen, die die Natur der Materie, unabhängig von allen Formen, aus denen Körper bestehen, aufmerksam untersucht haben, haben in dieser Substanz verschiedene Eigenschaften entdeckt, die von einem völlig unbekannten Wesen ausgehen. Dazu gehören (1) die Fähigkeit, verschiedene Formen anzunehmen, die in der Materie selbst erzeugt werden, wodurch die Materie Bewegungskraft und die Fähigkeit zum Fühlen erlangen kann; (2) tatsächliche Ausdehnung, die diese Philosophen zu Recht als ein Attribut, aber nicht als das Wesen der Materie erkannt haben.

Es gab jedoch einige, unter anderem Descartes, die darauf bestanden, das Wesen der Materie auf eine einfache Ausdehnung zu reduzieren und alle Eigenschaften der Materie auf diejenigen der Ausdehnung zu beschränken; aber diese Meinung wurde von allen anderen modernen Philosophen abgelehnt, ... so dass die Fähigkeit, bewegende Kraft zu erlangen, und die Fähigkeit zu fühlen sowie die Fähigkeit zur Ausdehnung seit jeher als wesentliche Eigenschaften der Materie angesehen wurden.

Alle vielfältigen Eigenschaften, die in diesem unbekannten Prinzip beobachtet werden, zeigen ein Wesen, in dem dieselben Eigenschaften existieren, ein Wesen, das daher durch sich selbst existieren muss. Aber wir können uns nicht vorstellen, oder vielmehr scheint es unmöglich, dass ein Wesen, das durch sich selbst existiert, weder in der Lage sein sollte, sich selbst zu erschaffen noch zu vernichten. Es ist offensichtlich, dass nur die Formen zerstört und reproduziert werden können, für die es aufgrund seiner wesentlichen Eigenschaften anfällig ist. Zwingt uns die Erfahrung also zu dem Eingeständnis, dass aus nichts nichts entstehen kann?

Alle Philosophen, die das Licht des Glaubens nicht kennengelernt haben, haben geglaubt, dass dieses wesentliche Prinzip der Körper existiert hat und für immer existieren wird und dass die Elemente der Materie eine unzerstörbare Festigkeit haben, die die Angst verbietet, dass die Welt in Stücke zerfällt. Die Mehrheit der christlichen Philosophen erkennt auch an, dass das substantielle Prinzip der Körper notwendigerweise durch sich selbst existiert und dass die Macht des Anfangs oder Endes nicht mit seiner Natur übereinstimmt. Man stellt fest, dass diese Ansicht von einem Autor des letzten Jahrhunderts vertreten wird, der in Paris Theologie lehrte.

KAPITEL III. Über die Ausdehnung der Materie.

Obwohl wir keine Vorstellung vom Wesen der Materie haben, können wir die Existenz der Eigenschaften, die unsere Sinne in ihr entdecken, nicht ablehnen.

Ich öffne meine Augen und sehe um mich herum nur Materie oder das Ausgedehnte. Die Ausdehnung ist dann eine Eigenschaft, die immer der gesamten Materie zukommt, die nur der Materie zu eigen sein kann und die daher von der Substanz der Materie untrennbar ist.

Diese Eigenschaft setzt drei Dimensionen in der Substanz der Körper voraus: Länge, Breite und Tiefe. Wahrlich, wenn wir unser Wissen heranziehen, das ausschließlich aus den Sinnen gewonnen wird, können wir uns Materie oder die Substanz von Körpern nicht vorstellen, ohne die Vorstellung von einem Wesen zu haben, das zugleich lang, breit und tief ist; denn die Idee dieser drei Dimensionen ist notwendigerweise mit unserer Vorstellung von jeder Größe oder Quantität verbunden.

Die Philosophen, die am meisten über die Materie nachgedacht haben, verstehen unter der Ausdehnung dieser Substanz nicht eine feste Ausdehnung, die aus verschiedenen, widerstandsfähigen Teilen besteht. In dieser Ausdehnung ist nichts einig, nichts geteilt; denn es muss eine Kraft geben, die trennt, um zu teilen, und eine andere Kraft, um die getrennten Teile zu vereinen. Aber nach Ansicht dieser physikalischen Philosophen hat die Materie keine tatsächlich aktive Kraft, weil jede Kraft nur aus Bewegung oder aus einem Impuls oder einer Tendenz zur Bewegung entstehen kann und sie in der durch Abstraktion aller Form entkleideten Materie nur eine potentielle Bewegung erkennen Gewalt.

Diese Theorie ist schwer vorstellbar, aber angesichts ihrer Prinzipien ist sie in ihren Konsequenzen absolut wahr. Es handelt sich um eine jener algebraischen Wahrheiten, die der Verstand leichter glauben als begreifen kann.

Die Ausdehnung der Materie ist dann nur eine metaphysische Ausdehnung, die nach der Vorstellung dieser Philosophen nichts bietet, was unsere Sinne berührt. Sie glauben zu Recht, dass nur eine solide Erweiterung unsere Sinne beeindrucken kann. Daher scheint es uns, dass die Ausdehnung ein Attribut ist, das einen Teil der metaphysischen Form ausmacht, aber wir sind weit davon entfernt, zu glauben, dass die Ausdehnung ihr Wesen ausmacht.

Einige der Alten betrachteten jedoch vor Descartes die Essenz der Materie als eine feste Ausdehnung. Aber diese Meinung, auf die alle Cartesianer viel Wert gelegt haben, ist zu allen Zeiten mit klaren Gründen siegreich bekämpft worden, die wir später darlegen werden, denn die Ordnung verlangt, dass wir zunächst prüfen, worauf die Eigenschaften der Ausdehnung reduziert werden können.

Kapitel V. Über die bewegende Kraft der Materie.

Die Alten, davon überzeugt, dass es keinen Körper ohne eine bewegende Kraft gibt, betrachteten die Substanz von Körpern als aus zwei primitiven Eigenschaften zusammengesetzt. Es wurde angenommen, dass diese Substanz durch eine dieser Eigenschaften die Fähigkeit zur Bewegung und durch die andere die Fähigkeit zur Bewegung besitzt. [88] Tatsächlich ist es unmöglich, sich diese beiden Eigenschaften nicht bei jedem sich bewegenden Körper vorzustellen, nämlich das Ding, das sich bewegt, und dasselbe Ding, das bewegt wird.

Es wurde gerade gesagt, dass früher die Substanz von Körpern, sofern sie bewegt werden kann, Materie genannt wurde. Wenn dieselbe Materie in der Lage ist, sich zu bewegen, wird sie als „aktives Prinzip" bezeichnet . Aber diese beiden Eigenschaften scheinen so wesentlich voneinander abzuhängen, dass Cicero, um diese wesentliche und ursprüngliche Verbindung der Materie mit ihrem Bewegungsprinzip besser auszudrücken, sagt, dass jedes im anderen gefunden wird. Dies drückt sehr gut die Idee der Alten aus.

Daraus wird deutlich, dass moderne Schriftsteller uns nur eine ungenaue Vorstellung von Materie vermittelt haben, als sie (aus einer kaum verstandenen Verwirrung) versuchten, der Substanz von Körpern diesen Namen zu geben. Denn wiederum ist die Materie oder das passive Prinzip der Substanz der Körper nur ein Teil dieser Substanz. Daher ist es nicht verwunderlich, dass diese modernen Denker in der Materie nicht die Bewegungskraft und die Fähigkeit zum Fühlen entdeckt haben.

Nun sollte es, so scheint es mir, auf den ersten Blick klar sein, dass, wenn es ein aktives Prinzip gibt, es im unbekannten Wesen der Materie eine andere Quelle als die Ausdehnung haben muss. Dies beweist, dass eine einfache Erweiterung keine angemessene Vorstellung vom vollständigen Wesen oder der metaphysischen Form der Substanz von Körpern vermittelt und dass dieses Versagen einzig und allein auf die Tatsache zurückzuführen ist, dass die Erweiterung die Idee jeglicher Aktivität in der Materie ausschließt. Wenn wir also dieses Bewegungsprinzip demonstrieren, wenn wir zeigen, dass Materie keineswegs so gleichgültig gegenüber Bewegung und Ruhe ist, wie sie sein soll, sondern sowohl als aktive als auch als passive Substanz betrachtet werden sollte, welche Ressource kann es denen überlassen werden, deren Wesen in der Ausdehnung liegt?

Die beiden Prinzipien, von denen wir gerade gesprochen haben, Ausdehnung und Bewegungskraft, sind dann nur Möglichkeiten der Substanz der Körper; Denn ebenso wie diese Substanz zur Bewegung fähig ist, ohne tatsächlich bewegt zu werden, hat sie auch immer, auch wenn sie sich nicht selbst bewegt , die Fähigkeit zur spontanen Bewegung.

Die Alten haben mit Recht bemerkt, dass diese bewegende Kraft in der Substanz der Körper nur dann wirkt, wenn die Substanz in bestimmten Formen manifestiert wird; Sie haben auch beobachtet, dass die verschiedenen Bewegungen, die es erzeugt, alle diesen verschiedenen Formen unterliegen oder durch sie reguliert werden. Deshalb wurden die Formen, durch die sich die Substanz von Körpern nicht nur, sondern auch auf unterschiedliche Weise bewegen kann, materielle Formen genannt.

Nachdem diese frühen Meister ihre Augen auf alle Naturphänomene geworfen hatten, entdeckten sie in der Substanz der Körper die Kraft der Selbstbewegung. Tatsächlich bewegt sich diese Substanz entweder selbst, oder wenn sie in Bewegung ist, wird ihr die Bewegung durch eine andere Substanz mitgeteilt. Aber kann in dieser Substanz irgendetwas gesehen werden, außer der Substanz selbst in Aktion? Und wenn es manchmal so scheint, als würde es eine Bewegung empfangen, die es nicht hat, erhält es diese Bewegung dann von einer anderen Ursache als dieser gleichen Art von Substanz, deren Teile aufeinander einwirken?

Wenn man also auf einen anderen Agenten schließt, frage ich, um welchen Agenten es sich handelt, und verlange Beweise für seine Existenz. Da jedoch niemand die geringste Ahnung von einem solchen Agenten hat, handelt es sich nicht einmal um eine logische Einheit. Daher ist es klar, dass die Alten leicht eine der Substanz der Körper innewohnende Bewegungskraft erkannt haben müssen, da es tatsächlich unmöglich ist, eine andere Substanz, die auf sie einwirkt, nachzuweisen oder sich vorzustellen.

Descartes, ein Genie, das dazu geschaffen war, neue Wege zu bahnen und auf ihnen in die Irre zu gehen, ging wie einige andere Philosophen davon aus, dass Gott die einzige wirksame Ursache für Bewegung ist und dass er jeden Augenblick allen Körpern Bewegung mitteilt. Aber diese Meinung ist nur eine Hypothese, die er an das Licht des Glaubens anzupassen versuchte; und dabei versuchte er nicht mehr, als Philosoph oder zu Philosophen zu sprechen. Vor allem wandte er sich nicht an diejenigen, die nur durch die Kraft der Beweise überzeugt werden können.

Die christlichen Scholastiker der letzten Jahrhunderte haben die volle Kraft dieser Überlegungen gespürt; Aus diesem Grund haben sie sich klugerweise auf rein philosophisches Wissen über die Bewegung der Materie beschränkt, obwohl sie hätten zeigen können, dass Gott selbst sagte, er habe „den Elementen der Materie ein aktives Prinzip eingeprägt" (Gen. I; Jes. lxvi) . "

Man könnte hier eine lange Liste von Autoritäten zusammenstellen und von den berühmtesten Professoren den Kern der Lehre aller übrigen übernehmen; Aber es ist, auch ohne viele Zitate, klar genug, dass die Materie diese bewegende Kraft enthält, die sie belebt und die die unmittelbare Ursache aller Bewegungsgesetze ist.

KAPITEL VI. Über die sensible Fähigkeit der Materie.

Wir haben von zwei wesentlichen Eigenschaften der Materie gesprochen, von denen die meisten ihrer Eigenschaften abhängen, nämlich Ausdehnung und Bewegungskraft. Wir müssen jetzt nur noch eine dritte Eigenschaft beweisen: Ich meine die Gefühlsfähigkeit, die die Philosophen aller Jahrhunderte in derselben Substanz gefunden haben. Ich sage alle Philosophen, obwohl ich nicht unwissend bin über alle vergeblichen Bemühungen der Kartesianer, der Materie diese Fähigkeit zu rauben. Aber um unüberwindliche Schwierigkeiten zu vermeiden, haben sie sich in ein Labyrinth gestürzt, aus dem sie durch dieses absurde System, „dass Tiere reine Maschinen sind", zu entkommen glaubten. [82]

Eine so absurde Meinung hat sich unter Philosophen nie durchgesetzt, außer als witziges Spiel oder als philosophischer Zeitvertreib. Aus diesem Grund werden wir nicht damit aufhören, es zu widerlegen. Die Erfahrung liefert uns nicht weniger Beweise für die Gefühlsfähigkeit bei Tieren als für die Gefühlsfähigkeit bei Menschen ...

Es taucht eine weitere Schwierigkeit auf, die eher unsere Eitelkeit betrifft: nämlich die Unmöglichkeit, diese Eigenschaft als Abhängigkeit oder Attribut der Materie aufzufassen. Vergessen wir nicht, dass diese Substanz uns nur unbeschreibliche Charaktere offenbart. Verstehen wir besser, wie Ausdehnung aus ihrem Wesen abgeleitet wird, wie sie durch eine primitive Kraft bewegt werden kann, deren Wirkung berührungslos ausgeübt wird, und tausend andere Wunder, die dem Blick der durchdringendsten Augen so verborgen sind, dass (um die Idee zu paraphrasieren?) eines berühmten modernen Schriftstellers) enthüllen sie nur den Vorhang, der sie verbirgt?

Aber könnte man nicht annehmen, wie manche angenommen haben, dass das Gefühl, das in belebten Körpern beobachtet wird, einem Wesen zuzuordnen ist, das sich von der Materie dieser Körper unterscheidet, einer Substanz anderer Natur, die mit ihnen verbunden ist? Erlaubt uns das Licht der Vernunft, solche Vermutungen in gutem Glauben zuzulassen? Wir kennen in Körpern nur Materie, und wir beobachten die Fähigkeit zu fühlen nur in Körpern: Auf welcher Grundlage können wir dann ein ideales Wesen errichten, das von all unserem Wissen verleugnet wird?

Wir müssen jedoch mit der gleichen Offenheit zugeben, dass wir nicht wissen, ob die Materie an sich die Fähigkeit zum Fühlen besitzt oder nur die Fähigkeit, sie durch jene Modifikationen oder Formen zu erlangen, für die die Materie empfänglich ist; denn es ist wahr, dass dieses Gefühlsvermögen nur in organischen Körpern auftritt.

Dies ist dann eine weitere neue Fähigkeit, die wie alle anderen erwähnten nur potentiell in der Materie existieren könnte; und das war die Hypothese der Alten, deren Philosophie voller Einsicht und Durchdringung es verdient, über die Ruinen der Philosophie der Moderne erhoben zu werden. Es ist vergebens, dass diese die von ihnen zu weit entfernten Quellen verachten. Die antike Philosophie wird sich immer unter denjenigen behaupten, die würdig sind, über sie zu urteilen, weil sie (zumindest in Bezug auf das Thema, das ich behandele) ein System bildet, das fest und gut artikuliert ist wie der Körper, während alle diese verstreuten Glieder der modernen Philosophie bilden kein System.

ANHANG.

ÜBERSICHT UND ANMERKUNGEN.

VON GERTRUDE CARMAN BUSSEY.

Das Verhältnis von La Mettrie zu seinen Vorgängern und seinen Nachfolgern.

I. Die historische Beziehung von La Mettrie zu *René* Descartes (1596–1650).

Die direkteste Quelle von La Mettries Werk ist, wenn man den physiologischen Aspekt seines Systems außer Acht lässt, in der Philosophie von Descartes zu finden. Tatsächlich scheint es manchmal so, als sei La Mettries Materialismus aus seinem Beharren auf dem widersprüchlichen Charakter des dualistischen Systems von Descartes entstanden. Er kritisiert Descartes' Aussage, dass Körper und Seele völlig unabhängig seien, und legt großen Wert darauf, die Abhängigkeit der Seele vom Körper aufzuzeigen. Doch obwohl La Mettries System unter einem Gesichtspunkt im Gegensatz zu dem von Descartes 1 stehen mag, scheint es unter einem anderen Gesichtspunkt eine direkte Folge davon zu sein. La Mettrie selbst erkennt diesen Zusammenhang und ist der Ansicht, dass seine Lehre, dass der Mensch eine Maschine sei, eine natürliche Folgerung aus Descartes' Lehre ist, dass Tiere bloße Maschinen seien. 2 Darüber hinaus führt La Mettrie Descartes' Konzept des Körpers als Maschine fort, und viele seiner detaillierten Diskussionen über die Maschinerie des Körpers scheinen von Descartes übernommen worden zu sein.

Es sollte angemerkt werden, dass La Mettrie Descartes gerecht wurde und erkannte, wie viel ihm alle Philosophen schuldeten. Er bestand darüber hinaus darauf, dass die Fehler von Descartes darauf zurückzuführen seien, dass er seiner eigenen Methode nicht gefolgt sei. 3 Doch La Mettries Methode unterschied sich von der von Descartes, denn La Mettrie war ein Empirist 4 ohne rationalistische Neigungen. Was die Lehre angeht: La Mettrie unterschied sich in seiner Meinung über die Materie von Descartes. Da er an keine spirituelle Realität glaubte, gab er der Materie die Attribute Bewegung und Denken, während Descartes darauf bestand, dass die einzige Eigenschaft der Materie die Ausdehnung sei. 5 Es war eine natürliche Folge von La Mettries Unglauben an die spirituelle Substanz, dass er Zweifel an der Existenz Gottes aufkommen ließ. 6 Andererseits war der Glaube an Gott eine der Grundlagen des Systems von Descartes. La Mettrie versuchte zu zeigen, dass Descartes' Glaube an eine Seele und an Gott lediglich dazu diente, seine wahren Gedanken vor den Priestern zu verbergen und sich selbst vor Verfolgung zu bewahren. 7

IIa . Die Ähnlichkeit von La Mettrie mit den englischen Materialisten Thomas Hobbes (1588–1679) und John Toland (1670–1721).

Der Einfluss von Descartes auf La Mettrie kann nicht in Frage gestellt werden, aber es ist schwieriger, den Einfluss materialistischer Philosophen auf ihn einzuschätzen. Hobbes veröffentlichte „The Leviathan" im Jahr 1651 und „De Corpore" im Jahr 1655. Er schrieb also etwa ein Jahrhundert vor La Mettrie , und da der Einfluss Englands auf Frankreich im 18. Jahrhundert sehr groß war, kann man leicht annehmen dass La Mettrie Hobbes gelesen hatte. Wenn ja, muss er viele Ideen von ihm erhalten haben. Das Ausmaß dieses Einflusses ist jedoch unbekannt, da La Mettrie selten oder nie Hobbes zitiert oder Hobbes eine seiner Lehren zuschreibt.

Erstens sind sowohl Hobbes als auch La Mettrie überzeugte Materialisten. Sie glauben beide, dass der Körper die einzige Realität ist und dass alles Spirituelle unvorstellbar ist. 8 Darüber hinaus sind ihre Vorstellungen von der Materie sehr ähnlich. Laut La Mettrie enthält die Materie die Fähigkeit zur Empfindung und die Kraft der Bewegung sowie die Qualität der Ausdehnung. 9 Die gleiche Auffassung von Materie wird von Hobbes vertreten, denn er schreibt der Materie ausdrücklich Ausdehnung und Bewegung zu und reduziert dann die Empfindung auf eine Art innere Bewegung. 10 Somit kann auch die Empfindung eine Eigenschaft der Materie sein. Darüber hinaus sind sich Hobbes und La Mettrie in vielen kleineren Punkten einig, und La Mettrie führt vieles aus, was in Hobbes vorgeschlagen wird. Beide glauben, dass die Leidenschaften von den körperlichen Bedingungen abhängen. 11 Sie stimmen darin überein, dass alle Unterschiede zwischen Männern auf Unterschiede in der Konstitution und Organisation ihres Körpers zurückzuführen sind. 12 Beide diskutieren das Wesen und die Bedeutung der Sprache. 13

Hobbes unterscheidet sich von La Mettrie darin, dass wir sicher sein können, dass Gott als Ursache dieser Welt existiert. 14 Doch obwohl er glaubt, dass es möglich ist, zu wissen, dass Gott existiert, glaubt er nicht, dass wir seine Natur kennen können.

La Mettrie kann als die Anwendung eines Systems wie das von Hobbes auf das spezielle Problem der Beziehung von Seele und Körper im Menschen angesehen werden; Denn wenn es im Universum nichts außer Materie und Bewegung gibt, folgt daraus zwangsläufig, dass der Mensch lediglich eine sehr komplizierte Maschine ist.

Mettrie und der von Toland besteht große Ähnlichkeit . Es ist interessant, die Gemeinsamkeiten und Unterschiede festzustellen. Tolands „Briefe an

Serena", die einen Großteil seiner philosophischen Lehren enthalten, wurden 1704 veröffentlicht. Es besteht daher die Möglichkeit, dass La Mettrie sie las und daraus einige Anregungen erhielt.

Der Punkt, der in Tolands Lehre 15 am meisten betont wird , ist, dass Bewegung eine Eigenschaft der Materie ist. Er argumentiert für diesen Glauben mit der Begründung, dass Materie im Wesentlichen aktiv sein muss, um Veränderungen zu erfahren, 16 und dass die Vorstellung von der Trägheit der Materie auf der Vorstellung von absoluter Ruhe basiert und dass diese absolute Ruhe nirgends zu finden ist. 17 Da Bewegung für die Materie wesentlich ist, besteht nach Ansicht von Toland keine Notwendigkeit, den Beginn der Bewegung zu erklären. Diejenigen, die Materie als träge betrachteten, mussten einen wirksamen Grund für die Bewegung finden, und um dies zu erreichen, gingen sie davon aus, dass die gesamte Natur belebt sei. Aber diese vorgetäuschte Animation ist völlig nutzlos, da die Materie selbst mit Bewegung ausgestattet ist. 18 Die Ähnlichkeit zu La Mettrie ist offensichtlich. La Mettrie widersetzt sich ebenfalls der Lehre von der Belebung der Materie und dem Glauben an irgendeine äußere Ursache der Bewegung. 19 Dennoch verspürt er das Bedürfnis, einen Beginn der Bewegung zu postulieren, 20 und obwohl er diese Vorstellung so freizügig verwendet, stimmt er nicht mit Toland darin überein, dass die Natur der Bewegung bekannt sei. Er glaubt, dass es unmöglich ist, die Natur der Bewegung zu kennen, 21 während Toland glaubt, dass die Natur der Bewegung selbstverständlich ist. 22

Ein weiterer Kontrastpunkt zwischen Toland und La Mettrie liegt in ihren Lehren über Gott. Toland glaubt, dass Gott, „ein reiner Geist oder ein immaterielles Wesen", für sein System notwendig ist, 23 während La Mettrie die Existenz Gottes in Frage stellt und darauf besteht, dass Immaterialität und Spiritualität schöne Worte sind, die niemand versteht.

Man muss in Wahrheit zugeben, dass La Mettrie und Toland unterschiedliche Interessen und unterschiedliche Standpunkte haben. Toland geht es darum, die wesentliche Natur der Materie zu entdecken, während La Mettries Problem darin besteht, die spezifische Beziehung zwischen Körper und Geist herauszufinden. Auf dieser Beziehung baut er sein gesamtes System auf.

B. Die Beziehung von La Mettrie zu einem englischen Sensationalisten: John Locke (1632–1704).

Lockes „Essay Concerning Human Understanding" wurde 1690 veröffentlicht und La Mettrie wurde, wie die meisten gebildeten Franzosen der Aufklärung, von seiner Lehre beeinflusst. Die wichtigste Übereinstimmung zwischen Locke und La Mettrie besteht in ihrer Lehre, dass alle Ideen aus Empfindungen abgeleitet werden. Beide wenden sich entschieden gegen den Glauben an angeborene Ideen24 und lehren, dass selbst unsere komplexesten und abstraktesten Ideen durch Empfindung gewonnen werden. Aber La Mettrie folgt Locke nicht in der Analyse dieser Ideen und in der Schlussfolgerung, dass viele sinnliche Eigenschaften von Objekten – wie Farben, Geräusche usw. – außerhalb des Geistes keine Existenz haben. 25 Er lehnt Lockes Lehre von spirituellen Substanzen ab 26 und wendet sich gegen Lockes theistische Lehre, wobei er andererseits Lockes Eingeständnis der Möglichkeit betont, dass „denkendes Wesen auch materiell sein kann". 27

IIIa. Die wahrscheinliche, aber unbestätigte Ähnlichkeit der französischen Sensationalisten Etienne Bonnot de Condillac (1715–1780) und Claude Adrien Helvetius (1715–1771) mit La Mettrie .

Condillacs „ Traité des sensations " erschien etwa zehn Jahre nach La Mettries „ L'histoire naturelle de l'âme ", und daher ist es wahrscheinlich, dass Condillac dieses Werk gelesen und daraus einige Ideen gewonnen hat. Doch Condillac erwähnt weder La Mettries Namen noch zitiert er seine Lehren. Dieses Versäumnis kann durch die Tatsache erklärt werden, dass die Werke von La Mettrie so verurteilt wurden, dass spätere Philosophen die Ähnlichkeit ihrer Lehren mit seinen verbergen wollten. Unabhängig davon, ob die Sensationsjournalisten von seinen Lehren beeinflusst wurden oder nicht, gibt es eine so tiefe Ähnlichkeit in ihren Lehren, dass La Mettrie durchaus als einer der ersten französischen Sensationsjournalisten sowie als einer der führenden französischen Materialisten seiner Zeit angesehen werden kann.

Condillac und La Mettrie sind sich einig, dass Erfahrung die Quelle allen Wissens ist. Wie Lange vermutet, 28 könnte La Mettries Entwicklung der Vernunft aus der Vorstellungskraft Condillac den Weg aufgezeigt haben, alle Fähigkeiten aus der Seele heraus zu entwickeln. La Mettrie behauptet, dass die Vernunft nur die sensible Seele ist, die über ihre Ideen nachdenkt, und dass die Vorstellungskraft alle Rollen der Seele spielt, während Condillac die gleiche Idee ausarbeitet und detailliert zeigt, dass alle Fähigkeiten der Seele nur Modifikationen der Empfindung sind. 29

Sowohl La Mettrie als auch Condillac glauben, dass zwischen dem Menschen und den niederen Tieren keine Kluft besteht; Dies führt jedoch zu einem Punkt der Meinungsverschiedenheit zwischen den beiden Philosophen, denn Condillac bestreitet absolut, dass Tiere bloße Maschinen sein können, 30 und wir müssen annehmen, dass er sich der Lehre, dass der Mensch lediglich eine komplizierte Maschine sei, umso vehementer widersetzen würde! Condillac schließlich glaubt im Gegensatz zu La Mettrie an die Existenz Gottes. Ein letzter Kontrastpunkt betrifft auch die Theologie der beiden Autoren. La Mettrie besteht darauf, dass wir nicht sicher sein können, dass es einen Sinn in der Welt gibt, während Condillac bekräftigt, dass wir im gesamten Universum Intelligenz und Design erkennen können. 31

Wie La Mettrie und Condillac lehrt Helvetius, dass alle Fähigkeiten des Geistes auf Empfindungen reduziert werden können. 32 Im Gegensatz zu La Mettrie unterscheidet er ausdrücklich den Geist von der Seele und beschreibt den Geist als ein später entwickeltes Produkt der Seele oder der Empfindungsfähigkeit. 33 Diese Idee könnte durch La Mettries Aussage nahegelegt worden sein, dass die Vernunft eine Modifikation der Empfindung sei. Anders als La Mettrie entscheidet Helvetius jedoch nicht eindeutig, dass Empfindungen nur ein Ergebnis körperlicher Zustände sind, und er gibt zu, dass Empfindungen eine Modifikation einer spirituellen Substanz sein können. 34 Darüber hinaus behauptet er, dass Klima und Nahrung keinen Einfluss auf den Geist haben und dass die Überlegenheit des Verstandes nicht von der Stärke des Körpers und seiner Organe abhängt. 35

La Mettrie und Helvetius ähneln einander in der ethischen Lehre. Beide machen Lust und Schmerz zu den vorherrschenden Motiven menschlichen Verhaltens. Sie behaupten, dass alle Emotionen lediglich Modifikationen von körperlichem Vergnügen und Schmerz seien und dass daher das einzige Handlungsprinzip des Menschen das Verlangen nach Vergnügen und die Angst vor Schmerz sei. 36

B. Die Ähnlichkeit mit La Mettrie des französischen Materialisten Baron Paul Heinrich Dietrich von Holbach (1723– 1789).

So wie Condillac und Helvetius die von La Mettrie gelehrte Sensationslust betonen , so ist Holbachs Buch eine Wiederholung und Ausarbeitung des in La Mettries Werken dargelegten Materialismus. Die Lehre von Holbach ist der von La Mettrie so ähnlich , dass die Ähnlichkeit kaum ein Zufall sein kann.

La Mettrie betrachtet die Erfahrung als den einzigen Lehrer. Holbach geht auf dieselbe Idee ein und besteht darauf, dass Erfahrung in allen Belangen unsere einzige Wissensquelle ist. 37 Holbach lehrt ebenfalls, dass der Mensch ein rein materielles Wesen sei. Er glaubt nicht an irgendeine spirituelle Realität und macht die Materie zur einzigen Substanz der Welt. Er betont auch einen Gedanken, der eine natürliche Folge der Lehre von La Mettrie ist . La Mettrie hat die Wirkung des Willens eingeschränkt und darauf bestanden, dass der Wille von körperlichen Bedingungen abhängt. Holbach geht noch weiter und erklärt immer wieder, dass alle Freiheit eine Täuschung sei und dass der Mensch in jedem Handeln von einer starren Notwendigkeit beherrscht werde. 38 Diese Lehre scheint das natürliche Ergebnis des Glaubens zu sein, dass der Mensch eine Maschine ist.

Holbachs atheistische Theologie ist extremer als die seines Vorgängers, denn La Mettrie gibt zu, dass Gott existieren könnte, während Holbach diese Möglichkeit energisch ablehnt. Darüber hinaus vertritt Holbach die von La Mettrie kaum vertretene Meinung , dass eine atheistische Doktrin die Lage der Menschheit verbessern würde. 39 Er besteht darauf, dass die Idee Gottes den Fortschritt der Vernunft behindert und in das Naturrecht eingegriffen hat. Holbach ist in der Tat der einzige der hier diskutierten Philosophen, der offen eine fatalistische und atheistische Lehre vom Universum vertritt. In dieser Hinsicht ist seine Lehre der Höhepunkt des französischen Materialismus.

---

1 „ L'histoire naturelle de l'âme ", Kapitel XI, VIII. ↑

2 „Der Mensch ist eine Maschine", S. 142. Vgl. La Mettries Kommentar zur Lehre von Descartes in „ Abrégé des systèmes philosophiques ", Œuvres , Band 2. ↑

3 „ Abrégé des systèmes , Descartes", S. 6, Œuvres Philosophiques , Band 2. ↑

4 „Man a Machine", Seite 89. Vgl. „ L'histoire naturelle de l'âme " (oder „ Traité de l'âme "), Œuvres , 1746, S. 229. ↑

5 Descartes, „Prinzipien", Teil II, Prop. 4. ↑

6 „Man a Machine", S. 122–126. ↑

7 Ebenda. , P. 142. ↑

8 Hobbes, „Leviathan", Teil III, Kap. 34; Teil I, Kap. XII, Open Court Edition, S. 169. ↑

9 „ L'histoire naturelle de l'âme ", Kapitel III, V und VI. ↑

10 „Leviathan " , Teil I, Kap. I. Vgl. „Über den Körper", Teil IV, Kap. XXV, 2. ↑

11 „Man a Machine", S. 90–91. ↑

12 „Leviathan", Teil I, Kap. VI, Molesworth Ed., S. 40. Vgl. „Der Mensch ist eine Maschine", S. 90. ↑

13 Ebenda. , Teil I, Kap. IV. Vgl. „Der Mensch ist eine Maschine", S. 103. ↑

14 Ebenda. , Teil I, Kap. XII. ↑

15 „Briefe an Serena", V, S. 168. ↑

16 Ebenda. , P. 196. ↑

17 Ebenda. , P. 203. ↑

18 Ebenda. , P. 199. ↑

19 „ L'histoire naturelle de l'âme ", Kap. V, S. 94. ↑

20 „Der Mensch ist eine Maschine", S. 139. ↑

21 „Der Mensch ist eine Maschine " , S. 140.

22 „Briefe an Serena", V, S. 227.

23 *Ebenda.* , V, S. 234.

24 John Locke, „Essay Concerning Human Understanding", Buch I, Buch II, Kap. I.

25 Locke, „Essay", Buch II, Kap. 8.

26 *Ebenda.* , Buch II, Kap. 23.

27 *Ebenda.* , Buch IV, Kap. 10. Zu La Mettries Zusammenfassung von Locke vgl. sein „ Abrégé des systèmes ", *Œuvres* , Band 2.

28 FA Lange, „Geschichte des Materialismus", Bd. II, Kap. II.

29 „ Traité des sensations ", Teil I.

30 „ Traité des animaux ", Kap. Ich, S. 454.

31 „ Traité des animaux ", Kap. VI, S. 577 ff.

32 „Abhandlung über den Menschen", Abschn. II, Kap. Ich, S. 96.

33 *Ebenda.* , Sekte. II, Kap. II, S. 108.

34 „Essays on the Mind", Essay II, Kap. Ich , S. 35.

35 „Abhandlung über den Menschen", Kap. XII, S. 161.

36 *Ebenda.* , Kap. IX, S. 146; Kerl. VII, S. 129.

37 „ System der Natur ", Bd. Ich, Kap. Ich, S. 6.

38 „ System der Natur ", Bd. Ich, Kap. VI, S. 94.

39 *Ebenda.* , Bd. II, Kap. XVI, S. 451 und Kap. XXVI, S. 485. Vgl. „Man a Machine", S. 125–126.

ÜBERBLICK ÜBER DIE METAPHYSISCHE LEHRE VON LA METTRIE.

	A.	Materie ist ausgedehnt	154f.
	B.	Materie hat die Kraft der Bewegung	70, 140; 156ff.
	C.	Materie hat die Fähigkeit zu fühlen	159ff.
IV.		Menschenbild:	
	A.	Der Mensch ist eine Maschine	17, 89; 21, 93; 56, 128; 69, 140f.; 73, 143; 80, 148
	B.	Alle Fähigkeiten des Menschen reduzieren sich auf Sinne und Vorstellungskraft	35ff., 107ff.
	C.	Der Mensch ist wie ein Tier in der Fähigkeit zur Bildung	38, 110
	D.	Der Mensch ist sich seines Schicksals nicht bewusst	79, 147
V.		Theologische Lehre:	
	A.	Die Existenz Gottes ist unbewiesen und praktisch unwichtig	50, 122
	B.	Das Designargument ist gegen die Hypothese der mechanischen Kausalität wirkungslos	51ff., 124ff.

---

1 Die Verweise beziehen sich auf Seiten dieses Buches. ↑

ANMERKUNGEN. 1

Anmerkung zur Lobrede Friedrichs des Großen.

Diese Übersetzung stammt aus dem dritten Band, S. 159 ff. von „ Œuvres de Fréderic II., Roi de Prusse, Publiées du vivant de l'Auteur ", Berlin, 1789.

La Mettrie wurde am Hofe Friedrichs des Großen empfangen, als er wegen der ketzerischen Lehre von „ L'Homme Machine " aus Holland vertrieben worden war. Die „Eloge" wurde von Darget , dem Sekretär des Königs, gelesen öffentliche Sitzung der Berliner Akademie, zu der La Mettrie auf Initiative Friedrichs zugelassen worden war.

Dem aufmerksamen Leser wird nicht entgehen, dass Friedrichs Arithmetik fehlerhaft ist und dass La Mettrie im Alter von einundvierzig und nicht dreiundvierzig Jahren starb.

An einigen Stellen bedarf die *Eloge vielleicht einer Erläuterung*. Coutances ist wie Caen eine normannische Stadt. St. Malo liegt gleich hinter der Grenze in der Bretagne. La Mettrie leistete Militärdienst bei den Franzosen in den schlesischen Kriegen gegen Maria Theresia. Die Schlacht von Dettingen wurde in Bayern ausgetragen und von den Österreichern dank der Hilfe Georgs II. von England an Maria Theresia gewonnen. Die Schlacht von Fontenoy in den Niederlanden war der einzige Sieg der Franzosen in diesem Krieg.

Weitere Berichte über das Leben von La Mettrie sind:

J. Assézat , Einführung in „ L'Homme Machine ", Paris, 1865.

FA Lange, „Geschichte des Materialismus."

Ph. Damiron , „ Histoire de la philosophie du dix-huitième siècle ", Paris, 1858.

N. Quépat , „ La philosophie matérialiste au XVIII e siècle. Essay über La Mettrie, sein Leben und seine Werke. „Paris, 1873.

HINWEISE ZUM MENSCH EINER MASCHINE.

1. „ *Materie kann durchaus mit der Fähigkeit zum Denken ausgestattet sein.* "Obwohl La Mettrie versucht, „diesem Riff auszuweichen", indem er auf die Verwendung dieser Worte verzichtet, behauptet er in seinem gesamten Werk, dass Empfindungen, Bewusstsein und die Seele selbst Modifikationen von Materie und Bewegung sind.

Die Möglichkeit, dass Materie mit der Fähigkeit zum Denken ausgestattet sei, wird von Elie Luzac , dem Herausgeber von „ L'homme machine ", in seinem Werk „ L'homme plus que machine " bestritten. In dieser Arbeit versucht er, die Schlussfolgerungen von „ L'homme machine " zu widerlegen . Er sagt: „Wir haben daher durch die Idee des trägen Zustands der Materie, durch die Idee der Bewegung, durch die Idee der Beziehungen, durch die Idee der Aktivität, durch die Idee der Ausdehnung bewiesen, dass Materie nicht die Fähigkeit des Denkens besitzen kann . " ... . „Um es kurz zu machen, sage ich: Wenn wir unter einer materiellen Substanz die Materie verstehen, die unter die Wahrnehmung unserer Sinne fällt und mit den von uns erwähnten Eigenschaften ausgestattet ist, kann die Seele nicht materiell sein: so dass sie muss immateriell sein, und aus dem gleichen Grund hätte Gott der Materie nicht die Fähigkeit des Denkens verleihen können, da er keine Widersprüche ausführen kann." 2

2. „ *Wie können wir ein Wesen definieren, dessen Natur uns völlig unbekannt ist?* " „La Mettrie nutzt dies als Argument gegen den Glauben an eine Seele und gibt dennoch später zu, dass „die Natur der Bewegung uns ebenso unbekannt ist wie die Natur der Materie". Es ist daher schwer zu erkennen, warum es mehr Gründe gibt, an der Existenz des Geistes zu zweifeln als an der Existenz der Materie. Locke bringt diesen Punkt sehr gut zum Ausdruck. „Aus Mangel an Reflexion neigen wir dazu zu glauben, dass unsere Sinne uns nur materielle Dinge zeigen. Jeder Akt der Empfindung gibt uns, wenn er gebührend betrachtet wird, einen gleichberechtigten Blick auf beide Teile der Natur, den körperlichen und den spirituellen." 3 ... „Wenn dieser Begriff des immateriellen Geistes möglicherweise einige Schwierigkeiten aufweist, die nicht leicht zu erklären sind, haben wir daher keinen Grund mehr, die Existenz solcher Geister zu leugnen oder anzuzweifeln, als wir dies leugnen oder anzweifeln müssen." Existenz des Körpers, weil der Begriff des Körpers mit einigen Schwierigkeiten behaftet ist, die sehr schwierig und für uns vielleicht unmöglich zu erklären oder zu verstehen sind." 4

3. „ *Autor des „ Spektakels der Natur "*. „Noel Antoine Pluche (1688–1761) war ein jansenistischer Autor. Er war Direktor des Kollegiums von Laon, wurde jedoch seines Amtes enthoben, weil er sich weigerte, der Bulle „ Unigenitus " beizutreten . Rollin empfahl ihn dann Gasville , dem Intendanten der

Normandie, der ihm die Ausbildung seines Sohnes anvertraute. Er ließ sich schließlich in Paris nieder. Seine Hauptwerke sind: „ Spektakel der Natur " (Paris, 1739); „ Mécanique des langues et l'art de les enseigner " (Paris, 1751); „ Harmonie des Psaumes et de l'Evangile " (Paris, 1764); „ Concorde de la géographie des différents ages " (Paris, 1765). 5

La Mettrie beschreibt Pluche in den „ Essais sur l'esprit et les beaux esprits " so: „Ohne Witz, ohne Geschmack ist er Rollins Pedant." Als oberflächlicher Mann brauchte er die Arbeit von M. Réaumur , dessen langweiliger und langweiliger Nachahmer er in den flachen, kleinen Sprüchen, die in seinen Dialogen verstreut sind, nur ist. Es war mit den Werken von Rollin wie mit dem „ Spektakel der Natur ", einer machte den anderen reich: Gaçon lobte Person, Person lobte Gaçon , und das Publikum lobte sie beide." 6

Dieses Zitat von La Mettrie kommt in Assézats Ausgabe von La Mettries „ L'homme machine " vor, die als zweiter Band der Reihe „ Singularités physiologiques " (1865) veröffentlicht wurde. Assézat war ein französischer Verleger und Schriftsteller. Er war einst Sekretär der Anthropologischen Gesellschaft und arbeitete mit anderen Autoren an der Veröffentlichung von „ La Revue Nationale ", „ La Revue de Paris " und „ La Pensée nouvelle ". Seine Notizen zu „ L'Homme Machine " zeigen großes Wissen über physiologische Themen. Er beabsichtigte, eine Gesamtausgabe von Diderots Werken herauszugeben, doch die Überarbeitung beeinträchtigte seine Gesundheit, so dass er sie nicht fertigstellen konnte. 7

4. Torricelli war ein Physiker und Mathematiker, der von 1608 bis 1647 lebte. Er war ein Schüler Galileis und fungierte drei Monate lang vor Galileis Tod als dessen Gehilfe . Anschließend wurde er zum großherzoglichen Mathematiker und Professor für Mathematik an der Florentiner Akademie ernannt. Im Jahr 1643 machte er seine berühmteste Entdeckung. Er fand heraus, dass die Höhe, bis zu der eine Flüssigkeit in einem geschlossenen Rohr aufsteigt, vom spezifischen Gewicht der Flüssigkeit abhängt, und folgerte daraus, dass die Flüssigkeitssäule vom atmosphärischen Druck getragen wird. Diese Entdeckung beseitigte die obskure Idee einer *Fuga vacui* und legte das Prinzip offen, nach dem Quecksilberbarometer konstruiert sind. Das Quecksilberthermometer wurde lange Zeit als „Torricellsche Röhre" bezeichnet, und das Vakuum, das das Barometer umfasst, wird immer noch als „Torricellsches Vakuum" bezeichnet. 8

5. „ *Nur die Ärzte haben das Recht, zu diesem Thema zu sprechen.* "Luzac sagt: „Es ist wahr, dass, wenn die Materialität der Seele bewiesen wäre, die Kenntnis von ihr ein Gegenstand der Naturphilosophie wäre, und wir könnten mit einiger Vernunft alle gegenteiligen Argumente zurückweisen, die nicht daraus abgeleitet werden. " Wissenschaft. Aber wenn die Seele nicht materiell ist, gehört die Untersuchung ihrer Natur nicht zur Naturphilosophie, sondern zu

denjenigen, die die Natur ihrer Fähigkeiten erforschen und Metaphysiker nennen." 9

6. „ *Der Mensch ist ... eine Maschine.* " „ Dies ist die erste klare Aussage dieser Theorie, die, wie der Titel der Arbeit andeutet, die zentrale Lehre dieser Arbeit ist. Descartes hatte die Möglichkeit, sich den Menschen als Maschine vorzustellen, entschieden bestritten. „Wir können uns leicht vorstellen, dass eine Maschine so konstruiert ist, dass sie Vokabeln aussendet, und sogar, dass sie etwas aussendet, das der Einwirkung äußerer Objekte auf sie entspricht, die eine Veränderung in ihren Organen bewirken, ... aber nicht, dass sie diese auf verschiedene Weise aussendet um auf das, was in seiner Gegenwart gesagt wird, angemessen zu antworten, wie es Menschen mit der niedrigsten Stufe des Intellekts tun können." 10

7. „ *Lasst uns also den Stab der Erfahrung in unsere Hände nehmen.* " „La Mettrie betont immer wieder die Überzeugung, dass Wissen aus Erfahrung entstehen muss. Darüber hinaus beschränkt er diese Erfahrung auf die Sinneserfahrung und schließt „ L'histoire naturelle de l'âme " mit den Worten: „Keine Sinne, keine Ideen. Je weniger Sinne es gibt, desto weniger Ideen. Keine erlebten Empfindungen, keine Ideen. Diese Grundsätze sind die notwendige Konsequenz aller Beobachtungen und Erfahrungen, die das unanfechtbare Fundament dieser Arbeit bilden."

Diese Lehre steht im Gegensatz zur Lehre von Descartes, der darauf besteht, dass „weder unsere Vorstellungskraft noch unsere Sinne uns Gewissheit über irgendetwas geben können, es sei denn, unser Verstand greift ein ." 11 Darüber hinaus glaubt Descartes, dass die Sinne trügerisch sind und dass die ideale Methode für die Philosophie eine Methode ist, die der der Mathematik entspricht . 12 Condillac und Holbach stimmen der Meinung von La Mettrie zu . So lehrt Condillac , dass der Mensch nichts anderes ist als das, was er durch den Gebrauch seiner Sinne geworden ist. 13 Und Holbach sagt: „Sobald wir uns von der Erfahrung verabschieden, fallen wir in den Abgrund, in den uns unsere Vorstellungskraft in die Irre führt." 14

8. „Galen (Galenus) Claudius, 130 bis *etwa* 210 n. Chr. Ein bedeutender griechischer Arzt und Philosoph. Er wurde in Pergamon , Mysien , geboren und studierte sowohl das platonische als auch das peripatetische System der Philosophie. Satyrus unterrichtete ihn in Anatomie. In jungen Jahren reiste er viel, um seine Ausbildung zu perfektionieren. Um 165 n. Chr. zog er nach Rom und wurde als Chirurg und praktizierender Arzt sehr berühmt, da er die Familie von Marcus Aurelius betreute. Er kehrte nach Pergamon zurück , besuchte Rom danach aber wahrscheinlich drei- oder viermal. Er schrieb in den Bereichen Philosophie, Logik und Medizin. Viele, wahrscheinlich die meisten seiner Werke sind verloren. Er war dreizehn Jahrhunderte lang die

einzige medizinische Autorität, und auch seine Verdienste um die Logik und die Philosophie waren großartig." 15

9. Der Autor von „ L'histoire de l'âme " ist La Mettrie selbst.

10. Hippokrates wird oft als „Vater der Medizin" bezeichnet. Er wurde 460 v. Chr. in Kos geboren. Er studierte Medizin bei seinem Vater Heraklides und Herodicus von Selymbria . und Philosophie unter Gorgias und Demokrit. Er war der erste, der die Medizin von der Religion und von der Philosophie trennte. Er bestand darauf, dass Krankheiten vom Arzt behandelt werden müssen, als ob sie rein natürlichen Gesetzen unterlägen. Die Griechen hatten einen solchen Respekt vor toten Körpern, dass Hippokrates einen menschlichen Körper nicht hätte sezieren können, und daher war sein Wissen über seine Struktur begrenzt, aber er scheint ein scharfsinniger und geschickter Beobachter der Bedingungen im lebenden Körper gewesen zu sein. Er schrieb mehrere Werke über Medizin und zeigte in einem davon die ersten Prinzipien auf, auf denen die öffentliche Gesundheit basieren muss. Die Einzelheiten seines Lebens werden von der Überlieferung verschwiegen, aber es ist sicher, dass er von den Griechen mit großem Respekt und großer Verehrung betrachtet wurde. 16

11. „ *Die unterschiedlichen Kombinationen dieser Säfte* … " Vergleichen Sie dies mit Descartes' Aussage, dass der Unterschied bei Männern auf dem Unterschied in der Konstruktion und Position des Gehirns beruht, was einen Unterschied in der Wirkung der Tiergeister verursacht. 17

12. „ *Diese Droge berauscht, wie Wein, Kaffee usw., jeweils in seinem eigenen Maß und entsprechend der Dosis.* " „Descartes spricht auch von der Wirkung des Weins. „Die Dämpfe des Weins gelangen schnell ins Blut und gelangen vom Herzen zum Gehirn, wo sie in Geister umgewandelt werden, die stärker und reichlicher als gewöhnlich sind und den Körper auf verschiedene seltsame Weisen bewegen können." 18

13. Das Zitat von Pope stammt aus den „Moral Essays", veröffentlicht 1731 bis 1735, Epistel I, 1, 69.

14. Jan Baptista Van Helmont (1578–1644) war ein flämischer Arzt und Chemiker. Er ist dafür bekannt, dass er die Notwendigkeit des Gleichgewichts in der Chemie nachgewiesen hat und einer der ersten war, der das Wort „Gas" verwendete. Seine Werke wurden 1648 als „ Ortus Medicinae " veröffentlicht. 19

15. Der Autor von „ Lettres sur la physiognomie " war Jacques Pernety oder Pernetti. Er wurde in Chazelle-sur-Lyon geboren, war einige Jahre Kanoniker in Lyon und starb dort 1777. 20

16. Boerhaave . Siehe Anmerkung 78 .

17. Pierre Louis Moreau de Maupertuis (1698–1759) war ein französischer Mathematiker, Astronom und Philosoph. Er unterstützte die Newtonsche Theorie gegen die Kartesianer. 1740 wurde er Präsident der Berliner Akademie. Er war der Leiter der Expedition, die Ludwig XV. ausgesandt hatte, um in Lappland einen Längengrad zu messen. Voltaire verspottete Maupertuis in der „ Diatribe du Docteur Akakia ". 21

18. Luzac fasst die vorangegangenen Tatsachen zusammen, indem er sagt: „Hier sind viele Tatsachen, aber was beweisen sie?" nur dass die Fähigkeiten der Seele im gleichen Verhältnis wie der Körper entstehen, wachsen und an Stärke gewinnen; so dass dieselben Fähigkeiten im gleichen Maße geschwächt werden wie der Körper ... Aber aus all diesen Umständen folgt nicht, dass die Denkfähigkeit ein Attribut der Materie ist und dass alles von der Art und Weise abhängt, in der unsere Maschine funktioniert Daraus geht hervor, dass die Fähigkeiten der Seele aus einem Prinzip des tierischen Lebens entstehen, aus einer angeborenen Hitze oder Kraft, aus einer Reizbarkeit der feinsten Teile des Körpers, aus einer subtilen ätherischen Materie, die durch den Körper diffundiert, oder mit einem Wort , aus all diese Dinge zusammengenommen." 22

19. „ *Die verschiedenen Zustände der Seele korrelieren daher immer mit denen des Körpers.* " „Diese Ansicht steht im diametralen Gegensatz zu der Lehre von Descartes, der sagt: „Die Seele ist von Natur aus völlig unabhängig vom Körper." 23 Doch Descartes stellt auch fest, dass zwischen beiden eine enge Verbindung besteht. „Die vernünftige Seele ... konnte auf keinen Fall aus der Kraft der Materie erzogen werden ... sie muss ausdrücklich geschaffen werden; und es reicht nicht aus, dass es im menschlichen Körper verankert ist, genau wie ein Pilot auf einem Schiff, außer vielleicht, um seine Glieder zu bewegen, sondern ... es ist notwendig, dass es enger mit dem Körper verbunden und verbunden ist, in um ähnliche Empfindungen und Gelüste wie wir zu haben und somit ein echter Mann zu sein." 23

Mettrie so betont wird . „Wenn wir, befreit von unseren Vorurteilen, unsere Seele oder das bewegende Prinzip, das in uns wirkt, sehen möchten, werden wir davon überzeugt bleiben, dass es Teil unseres Körpers ist, dass es vom Körper nur durch eine Abstraktion unterschieden werden kann, dass es ist nur der Körper selbst, betrachtet im Verhältnis zu einigen der Funktionen oder Fähigkeiten, für die er aufgrund seiner Natur und besonderen Organisation empfänglich ist. Wir werden sehen, dass diese Seele gezwungen ist, die gleichen Veränderungen wie der Körper zu durchlaufen, dass sie mit dem Körper wächst und sich entwickelt ... Schließlich können wir nicht umhin zu erkennen, dass sie zu bestimmten Zeiten offensichtliche Anzeichen von Schwäche, Krankheit und Tod zeigt ." 24

20. „ Peyronie (François Gigot de la), ein französischer Chirurg, geboren am 15. Januar 1678 in Montpellier, gestorben am 25. April 1747. Er war Chirurg des Krankenhauses Saint-Eloi de Montpellier und Ausbilder der Anatomie an die Fakultät ; dann, im Jahr 1704, diente er in der Armee. Im Jahr 1717 wurde er Nachfolger des ersten Chirurgen Ludwigs XV.; 1731 Verwalter des Palastes der Königin; 1735 ein Arzt des Königs; 1736 erster Chirurg des Königs und Chef der Chirurgen des Königreichs. Das größte Verdienst von La Peyronie besteht darin, dass sie die Akademie für Chirurgie in Paris gegründet und einen besonderen Schutz für Chirurgie und Chirurgen in Frankreich erlangt hat. Er hat wenig geschrieben." 25

21. „Willis, Thomas (1621–1675), englischer Arzt, wurde am 27. Januar 1621 in Great Bedwin , Wiltshire, geboren. Er studierte an der Christ Church, Oxford; und als diese Stadt für den König stationiert war, trug er Waffen für die Royalisten. Er erwarb 1646 den Bachelor-Abschluss in Medizin und widmete sich nach der Übergabe der Garnison der Ausübung seines Berufs. Im Jahr 1660, kurz nach der Restauration, wurde er Sedleian- Professor für Naturphilosophie anstelle von Dr. Joshua Cross, der ausgeschlossen wurde, und im selben Jahr erlangte er den Grad eines Doktors der Physik ... Er war eines der ersten Mitglieder der Royal Society und wurde 1664 zum Ehrenmitglied des Royal College of Physicians gewählt. 1666 ... zog er auf Einladung von Dr. Sheldon, Erzbischof von Canterbury, nach Westminster ... Er starb in St . Martin starb am 11. November 1675 und wurde in der Westminster Abbey beigesetzt." 26

22. „ Fontenelle, Bernard le Bovier de. Geboren am 11. Februar 1657 in Rouen, Frankreich; starb am 9. Januar 1757 in Paris. Ein französischer Anwalt, Philosoph, Dichter und Schriftsteller. Er war (durch seine Mutter) der Neffe von Corneille und „einer der letzten der Précieux , oder vielmehr der Erfinder einer neuen Kombination aus Literatur und Galanterie, die ihn zunächst nicht wenig Satire aussetzte" (Saintsbury). Er schrieb „ Poésies pastorales " (1688), „ Dialogues des morts " (1683), „ Entretiens sur la pluralité des mondes " (1686), „ Histoire des oracles " (1687) und „ Eloges des académiciens " (geliefert 1690–1740).)." 27

23. „ *Mit einem Wort: Wäre es absolut unmöglich, dem Affen eine Sprache beizubringen? Das glaub ich nicht.* Vergleichen Sie damit Haeckels Aussage über die Beziehung zwischen der Sprache des Menschen und der Sprache der Affen. „Es ist von besonderem Interesse, dass die Sprache von Affen im physiologischen Vergleich ein Stadium in der Bildung der artikulierten menschlichen Sprache zu sein scheint. Unter den lebenden Affen gibt es eine indische Art, die musikalisch ist; Der *Hylobates syndactylus* singt eine ganze Oktave in vollkommen reinen, harmonischen Halbtönen. Kein unparteiischer Philologe kann länger zögern zuzugeben, dass sich unsere ausgefeilte rationale Sprache langsam und schrittweise aus der

unvollkommenen Sprache unserer Affenvorfahren aus dem Pliozän entwickelt hat." 28

24. Johann Conrad Amman wurde 1669 in Schaffhausen in der Schweiz geboren. Nach seinem Abschluss in Basel praktizierte er als Arzt in Amsterdam. Die meiste Aufmerksamkeit widmete er dem Unterricht von Taubstummen. Er lehrte sie, indem er ihre Aufmerksamkeit auf die Bewegungen seiner Lippen, seiner Zunge und seines Kehlkopfes lenkte, während er sprach, und indem er sie überredete, diese Bewegungen nachzuahmen. Auf diese Weise lernten sie schließlich, Silben und Wörter zu artikulieren und zu sprechen. In seinen Werken „ Surdus Loquens " und „ Dissertatio de Loquela " erklärte er den Mechanismus der Sprache und machte seine Unterrichtsmethode öffentlich. Nach allen Berichten scheint sein Erfolg bei den Taubstummen bemerkenswert zu sein. Er starb um 1730. 29

25. „ ... *die große Analogie zwischen Affe und Mensch* ... " Vergleiche Haeckel: „So beweist die vergleichende Anatomie zur Zufriedenheit jedes unvoreingenommenen und kritischen Studenten die bedeutsame Tatsache, dass der Körper des Menschen und der des Menschenaffen identisch sind." Sie sind nicht nur besonders ähnlich, sondern in jeder wichtigen Hinsicht praktisch ein und dasselbe." 30

26. Sir William Temple wurde 1628 in London geboren. Er besuchte das Puritan College of Emmanuel in Cambridge, verließ es jedoch, ohne seinen Abschluss zu machen. Nach einer ausgedehnten Reise auf dem Kontinent ließ er sich 1655 in Irland nieder. Seine politische Karriere begann mit der Thronbesteigung Karls II. im Jahr 1660. Er ist besonders bekannt für den Abschluss des „Dreibunds" zwischen England, den Vereinigten Niederlanden und Schweden für seinen Anteil an der Herbeiführung der Hochzeit von Wilhelm und Maria, die das Bündnis zwischen England und den Niederlanden vollendete. Temple war in der politischen Arbeit im Inland nicht so erfolgreich wie im Ausland, denn er war zu ehrlich, um sich zu dieser Zeit in die Intrigen in die englischen Angelegenheiten einzumischen. Er zog sich aus der Politik zurück und starb 1699 in Moor Park.

Temple schrieb mehrere Werke zu politischen Themen. Seine „Memoiren" begannen 1682; Der erste Teil wurde vor seiner Veröffentlichung zerstört, der zweite Teil wurde ohne seine Zustimmung veröffentlicht und der dritte Teil wurde von Swift nach Temples Tod veröffentlicht. Sein Ruhm beruht mehr auf seiner diplomatischen Arbeit als auf seinen Schriften. 31

27. „Trembley (Abraham), ein Schweizer Naturforscher, geboren am 3. September 1700 in Genf, gestorben am 12. Mai 1784 in Genf. Er wurde in seiner Heimatstadt und in Den Haag ausgebildet, wo er Hauslehrer wurde Er war der Sohn eines englischen Einwohners und später der Lehrer des jungen

Herzogs von Richmond, mit dem er Deutschland und Italien bereiste. Im Jahr 1760 erhielt er die Stelle eines Bibliothekars in Genf und einen Sitz im Rat der „Zweihundert". Seine bewundernswerten Arbeiten über die Süßwasserschlange verschafften ihm seine Wahl zum Mitglied der Royal Society of London und zum Korrespondenten der Akademie der Wissenschaften in Paris. Von 1775 bis 1782 veröffentlichte er mehrere Werke zur Naturreligion und Artikel zur Naturgeschichte in den „Philosophical Transactions" (1742–57). Sein wichtigstes Werk ist „Mémoires pour servir à l'histoire d'un genre de polype d'eau douce" (Leyden, 1744; Paris, 2 Bände)." 32

28. „Was war der Mensch vor der Erfindung der Wörter und der Sprachkenntnis?" Ein Tier. Vergleichen Sie dies mit der Aussage von Hobbes: „Die edelste und profitabelste Erfindung aller anderen war die der Sprache, bestehend aus Namen oder Bezeichnungen und deren Zusammenhang, ... ohne die es unter den Menschen weder Gemeinwesen noch Gesellschaft gegeben hätte. weder Vertrag noch Frieden, nicht mehr als unter Löwen, Bären und Wölfen." 33

29. Fontenelle. Siehe Anmerkung 22 .

30. „Alle Fähigkeiten der Seele können richtigerweise auf reine Vorstellungskraft reduziert werden." Vergleichen Sie dazu die Aussage von La Mettrie in „L'histoire naturelle de l'âme": „Je mehr man alle intellektuellen Fähigkeiten studiert, desto mehr ist man davon überzeugt, dass sie alle in der Empfindungsfähigkeit enthalten sind, auf der sie alle beruhen." hängen so wesentlich davon ab, dass die Seele ohne sie niemals irgendeine ihrer Funktionen erfüllen könnte." 34 Dies ähnelt Condillacs Empfindungslehre: „Urteil, Reflexion, Wünsche, Leidenschaften usw. sind nichts anderes als die Empfindung selbst, die auf verschiedene Weise transformiert wird." 35 Helvetius sagt auch: „Alle Vorgänge des Geistes lassen sich auf Empfindungen reduzieren." 36

31. „Sehen Sie, wozu der Missbrauch der Sprache und die Verwendung dieser schönen Worte (Spiritualität, Immaterialität usw.) führt." „Vergleiche Hobbes: „Obwohl Menschen Wörter mit widersprüchlicher Bedeutung zusammenstellen können, als geistig und unkörperlich; Dennoch können sie sich nie vorstellen, dass ihnen irgendetwas antworten könnte." 37

32. „Der größte Vorteil des Menschen ist sein Organismus." „Luzac sagt: „Dies beweist ebenso wenig, dass Organisation das Hauptverdienst des Menschen ist, als dass die Form eines Musikinstruments das Hauptverdienst des Musikers darstellt." Im Verhältnis zur Güte des Instruments bezaubert der Musiker durch seine Kunst, und ebenso verhält es sich mit der Seele. Je gesund der Körper ist, desto besser ist die Seele in der Lage, ihre Fähigkeiten auszuüben." 38

33. „ *Das ist meiner Meinung nach die Erzeugung von Intelligenz.* " „ Luzac argumentiert gegen diese Aussage wie folgt: „Aber wenn das Denken und alle Fähigkeiten der Seele nur von der Organisation abhingen, wie manche behaupten, wie könnte die Einbildungskraft dann eine lange Kette von Konsequenzen aus den Objekten ziehen, die sie umfasst hat?" 39

34. Pyrrhonismus ist „die Lehre von Pyrrho von Elis, die hauptsächlich von seinem Schüler Timon weitergegeben wurde." Allgemeiner gesagt, radikaler Skeptizismus im Allgemeinen." 40

35. Pierre Bayle wurde 1647 in Carlat geboren . Obwohl er Kind protestantischer Eltern war, wurde er von den Jesuiten konvertiert. Nach seiner Rückkehr zum Protestantismus wurde er aus Frankreich vertrieben und flüchtete zunächst nach Genf und dann nach Holland. 1675 wurde er Professor für Philosophie am Protestantischen College von Sedan und 1681 Professor für Philosophie und Geschichte in Rotterdam. Aufgrund seiner religiösen Ansichten musste er 1693 sein Amt niederlegen.

Bayle war einer der führenden französischen Skeptiker seiner Zeit. Er war Kartesianer, stellte jedoch sowohl die Gewissheit der eigenen Existenz als auch das daraus abgeleitete Wissen in Frage. Er erklärte, dass Religion der menschlichen Vernunft widerspreche, diese Tatsache jedoch nicht unbedingt den Glauben zerstören müsse. Er unterschied Religion nicht nur von Wissenschaft, sondern auch von Moral und widersetzte sich energisch denen, die eine bestimmte Religion für notwendig für die Moral hielten. Er griff das Christentum nicht offen an, doch alles, was er schrieb, weckte Zweifel, und sein Werk übte großen Einfluss auf den Skeptizismus aus .

Sein Hauptwerk ist das „ Dictionnaire historique et critique ", das zwischen 1695 und 1697 veröffentlicht wurde und eine große Menge an Wissen enthält, ausgedrückt in einem pikanten und populären Stil. Diese Tatsache führte dazu, dass das Buch sowohl von Gelehrten als auch von oberflächlichen Lesern weithin gelesen wurde.

36. Arnobius der Ältere wurde in Sicca Venerea in Numidien in der zweiten Hälfte des dritten Jahrhunderts n. Chr. geboren. Er war zunächst ein Gegner des Christentums, konvertierte jedoch später und schrieb „Adversus Gentes" als Entschuldigung für das Christentum. In diesem Werk versucht er, auf die gegen Christen vorgebrachten Beschwerden mit der Begründung zu antworten, dass die Katastrophen dieser Zeit auf ihre Gottlosigkeit zurückzuführen seien; bestätigt die Göttlichkeit Christi; und diskutiert die Natur der menschlichen Seele. Er kommt zu dem Schluss, dass die Seele nicht unsterblich ist, da er glaubt, dass der Glaube an die Unsterblichkeit der Seele einen verschlechternden Einfluss auf die Moral hätte. Zur Übersetzung seines Werkes vergleiche Bd. XIX der „Ante-Nicene Christian Library". 41

37. *„ Es gibt keine Seele oder sensible Substanz ohne Reue. "„* Condillac hatte gesagt: „Tiere haben noch etwas anderes als Bewegung." Sie sind keine reinen Maschinen: Sie fühlen." 42 La Mettrie schrieb den Tieren ebenfalls Reue zu, glaubte jedoch, dass sie dennoch Maschinen seien. Luzac sagte in einem Kommentar: „Was diese Systeme völlig lächerlich macht, ist, dass die Personen, die Menschen als Maschinen bezeichnen, ihnen Eigenschaften verleihen, die ihre Behauptung widerlegen." Wenn Lebewesen nur Maschinen sind, warum gewähren sie dann ein Naturgesetz, einen inneren Sinn, eine Art Angst? Das sind Ideen, die nicht durch Objekte erregt werden können, die auf unsere Sinne wirken." 43

38. *„ Die Natur hat uns nur zum Glücklichsein geschaffen. "* „Dies ist eine Aussage der Lehre, die La Mettrie entwickelt er in seinem ethischen Hauptwerk „ Discours sur le Bonheur ". Er lehrt, dass Glück auf körperlichem Vergnügen und Schmerz beruht. In „ L'histoire naturelle de l'âme " stellt La Mettrie fest, dass alle Leidenschaften aus zwei grundlegenden Leidenschaften entwickelt werden können, von denen sie nur Modifikationen sind: Liebe und Hass oder Verlangen und Abneigung. 44 Wie La Mettrie macht Helvetius körperliche Freude und Schmerz zu den vorherrschenden Motiven für das Verhalten des Menschen. So schreibt er: „Lust und Schmerz sind und bleiben die einzigen Handlungsprinzipien des Menschen." 45 ... „Reue ist nichts anderes als eine Vorahnung des körperlichen Schmerzes, dem uns ein Verbrechen ausgesetzt hat." 46 Er macht Glück definitiv zum Ende menschlichen Handelns. „Das Ziel des Menschen ist Selbsterhaltung und das Erreichen einer glücklichen Existenz.... Um Glück zu finden, sollte der Mensch seine Freuden aufsparen und alles ablehnen, was sich in Schmerzen verwandeln könnte.... Die Leidenschaften sind immer glücklich als Objekt: Sie sind legitim und natürlich und können nur aufgrund ihres Einflusses auf den Menschen als gut oder schlecht bezeichnet werden. Um Menschen zur Tugend zu führen, müssen wir ihnen die Vorteile tugendhaften Handelns zeigen." 47 Holbach schließlich geht weiter als La Mettrie oder Helvetius und macht rein mechanische Impulse zu den Motiven menschlichen Handelns. „Die Leidenschaften sind Seinsweisen oder Veränderungen der inneren Organe, die von Objekten angezogen oder abgestoßen werden und daher auf ihre Weise den physikalischen Gesetzen der Anziehung und Abstoßung unterliegen." 48

39. *„ Ixions des Christentums.* „Ixion wurde wegen seines Verrats voller Wahnsinn nach Erebus geworfen, wo er ständig gegeißelt wurde, während er an ein feuriges Rad gebunden war, und gezwungen wurde zu schreien: „Wohltäter sollten geehrt werden."

40. *„ Wer kann sicher sein, dass der Grund für die Existenz des Menschen nicht einfach die Tatsache ist, dass er existiert? "* Dem widerspricht Luzac : „ Wenn der Grund für die Existenz des Menschen im Menschen selbst läge, wäre diese Existenz

eine notwendige Folge seiner eigenen Natur; so dass seine eigene Natur die Ursache oder den Grund seiner Existenz enthalten würde. Da nun seine eigene Natur die Ursache seiner Existenz implizieren würde, würde sie auch seine Existenz selbst implizieren, so dass der Mensch ebenso wenig als nicht existent angesehen werden könnte, wie ein Kreis ohne Radien oder ein Bild ohne Merkmale oder Proportionen betrachtet werden kann. ... Wenn die Existenz des Menschen im Menschen selbst wäre, wäre er ein unveränderliches Wesen." 49

41. „ Fénelon (François de Salignac de la Mothe- Fénelon), geboren am 6. August 1651 in Château de Fénelon , Dordogne, Frankreich, gestorben am 7. Januar 1715 in Cambrai, Frankreich. Ein gefeierter französischer Prälat, Redner und Autor . Er wurde 1689 Lehrer der Söhne des Dauphin und 1695 zum Erzbischof von Cambrai ernannt. Zu seinen Werken gehören „ Les aventures de Télémaque " (1699), „ Dialogues des morts " (1712) und „ Traité de l'éducation des filles ' (1688), , Explication des maximes des saints ' (1697) usw. Seine gesammelten Werke wurden von Leclère herausgegeben (38 Bände, 1827–1830)." 50

42. „ Nieuwentyt (Bernard), ein niederländischer Mathematiker, geboren am 10. August 1654 in West- Graftdijk , gestorben am 30. Mai 1718 in Purmerend. Als unerbittlicher Kartesianer kämpfte er gegen die Infinitesimalrechnung und schrieb eine Polemik gegen Leibnitz . zu diesem Thema. Er verfasste eine ins Französische übersetzte theologische Dissertation mit dem Titel „ L'existence de Dieu démontrée par les merveilles de la nature " (Paris, 1725). 51

43. „Abadie, James (Jacques), geboren in Nay, Basse- Pyrénées , wahrscheinlich 1654; starb am 25. September 1725 in London. Ein bekannter französischer protestantischer Theologe. Er ging um 1680 als Geistlicher der dortigen französischen Kirche nach Berlin und von dort nach England und Irland; war eine Zeit lang Pfarrer der französischen Kirche in Savoyen; und ließ sich 1699 als Dekan von Killaloe in Irland nieder. Sein Hauptwerk ist das „ Traité de la vérité de la religion chrétienne " (1684) mit der Fortsetzung „ Traité de la divinité de nôtre Seigneur Jesus-Christ " (1689)." 52

44. „ Derham (William), englischer Theologe und Gelehrter, geboren 1657 in Stoughton bei Worcester, gestorben 1735 in Upminster . Als Pastor von Upminster in der Grafschaft Essex konnte er sich friedlich seiner Vorliebe für Mechanik und Natur widmen Geschichte. Neben Studien über die Uhrmacherei sowie über Fische, Vögel und Insekten, die teilweise in den *Transactions of the Royal Society veröffentlicht wurden* , verfasste er mehrere Werke zur Religionsphilosophie. Das wichtigste, das lange Zeit populär war und ins Französische übersetzt wurde (1726), trägt den Titel „ Physico -Theologie oder die Demonstration der Existenz und der Eigenschaften Gottes durch

die Werke seiner Schöpfung" (1713). . Als Ergänzung schrieb er 1714 seine „Astro-Theologie oder die Demonstration der Existenz und Eigenschaften Gottes durch die Beobachtung des Himmels"." 53

45. Rais oder Kardinal de Retz (1614–1679) war ein französischer Politiker und Autor. Von Kindheit an war er für die Kirche vorgesehen. Er beteiligte sich aktiv an der Bewegung gegen Kardinal Mazarin und wurde später Kardinal, verlor jedoch an Popularität und wurde in Vincennes inhaftiert. Nach seiner Flucht kehrte er nach Frankreich zurück und ließ sich in Lothringen nieder, wo er seine „ Mémoires " verfasste, die vom höfischen Leben seiner Zeit berichten. 54

46. Marcello Malpighi (1628–1694) war ein renommierter italienischer Anatom und Physiologe. 1656 war er Dozent für Medizin in Bologna, wurde einige Monate später Professor in Pisa, wurde 1660 zum Professor in Bologna ernannt, ging von dort nach Messina, kehrte jedoch später nach Bologna zurück. 1691 wurde er Arzt von Papst Innozenz XII. Malpighi wird oft als Begründer der mikroskopischen Anatomie bezeichnet. Er war der erste, der das wunderbare Schauspiel der Blutzirkulation auf der Oberfläche der Lunge eines Frosches sah. Er entdeckte die vesikuläre Struktur der menschlichen Lunge, die Struktur der sezernierenden Drüsen und den schleimigen Charakter der unteren Schicht der Epidermis. Er war der Erste, der die feinere Anatomie des Gehirns untersuchte und die Verteilung der grauen Substanz und der Faserbahnen im Rückenmark genau beschrieb. Seine Werke sind: „ De pulmonibus " (Bologna, 1661), „ Epistolae anatomicae narc. Malpighi und Car. Fracassati " (Amsterdam, 1662), „ De Viscerum Structura " (London, 1669), „ Anatome Plantarum " (London, 1672), „ De Structura Glandularum conglobatarum " (London, 1689). 55

47. Der Deismus ist ein Denksystem, das in der zweiten Hälfte des 17. Jahrhunderts entstand. Ihre wichtigsten Vertreter in England waren Toland, Collins, Chubb, Shaftsbury und Tindal. Sie bestanden auf Gedanken- und Redefreiheit und behaupteten, dass die Vernunft jeder Autorität überlegen sei. Sie leugneten die Notwendigkeit einer übernatürlichen Offenbarung und stießen daher auf heftigen Widerstand der Kirche. Teilweise aufgrund dieser Opposition seitens der Kirche argumentierten viele von ihnen gegen das Christentum und versuchten zu zeigen, dass die Einhaltung moralischer Gesetze die einzige für den Menschen notwendige Religion sei. Sie lehrten, dass Glück das oberste Ziel des Menschen sei und dass, da der Mensch ein soziales Wesen sei, sein Glück am besten durch gegenseitige Hilfsbereitschaft erreicht werden könne. Obwohl sie erklärten, dass die Natur das Werk eines vollkommenen Wesens sei, hatten sie eine mechanische Vorstellung von der Beziehung Gottes zur Welt und fanden nicht wie spätere Theisten Beweise für die Gegenwart Gottes in allen Werken der Natur. 56

48. „ Vanini , Lucilio , selbsternannter Julius Cæsar ." Geboren um 1585 in Taurisano , Königreich Neapel; am 19. Februar 1619 in Toulouse, Frankreich, auf dem Scheiterhaufen verbrannt. Ein italienischer Freidenker, der als Atheist und Zauberer zum Tode verurteilt wurde. Er studierte in Rom und Padua, wurde Priester, reiste durch Deutschland und die Niederlande und begann in Lyon zu unterrichten, musste jedoch nach England fliehen, wo er verhaftet wurde. Nach seiner Freilassung kehrte er nach Lyon zurück und ließ sich um 1617 in Toulouse nieder. Hier wurde er wegen seiner Meinung verhaftet, verurteilt und noch am selben Tag hingerichtet. Seine Hauptwerke sind: „ Amphitheater aeternae Providentiae " (1615), „ De admirandis naturae reginae deaeque mortalium arcanis " (1616)." 57

49. Desbarreaux (Jacques Vallée). Ein französischer Schriftsteller, der 1602 in Paris geboren wurde und am 9. Mai 1673 in Chalon-sur- Saône starb. Er schrieb ein berühmtes Sonett über die Buße, war aber eher ein Ungläubiger und Skeptiker als ein Büßer. Als Guy Patin von seinem Tod erfuhr, sagte er: „Er hat mit seiner Lizenz arme junge Menschen angesteckt . " Sein Gespräch war sehr gefährlich und destruktiv für die Öffentlichkeit." 58

50. Boindin (Nicolas), französischer Gelehrter und Autor, geboren am 29. Mai 1676 in Paris, wo er am 30. November 1751 starb. Er war eine Zeit lang in der Armee, ging aber aus gesundheitlichen Gründen in den Ruhestand. Anschließend widmete er sich der Literatur und schrieb mehrere Theaterstücke. 1706 wurde er zum königlichen Zensor und Mitarbeiter der Akademie der Inschriften gewählt. Seine Freiheit, oder, wie es damals genannt wurde, die Freiheit des Geistes, verschloss ihm die Türen der Französischen Akademie und hätte zu seinem Ausschluss aus der Akademie der Inschriften geführt, wenn er nicht so alt gewesen wäre. Er starb, ohne seine Meinung zu widerrufen. 59

51. Denis Diderot (1713–1784) war einer der Führer der intellektuellen Bewegung des 18. Jahrhunderts. Er wurde zunächst von Shaftsbury beeinflusst und unterstützte begeistert die Naturreligion. In seinen „ Pensées philosophiques " (1746) versucht er zu zeigen, dass die Entdeckungen der Naturwissenschaften die stärksten Beweise für die Existenz Gottes sind. Die Wunder des Tierlebens reichen aus, um den Atheismus für immer zu zerstören . Doch während er den Atheismus ablehnt, wendet er sich auch energisch gegen die Intoleranz und Bigotterie der Kirche. Er behauptet, dass viele der Eigenschaften, die Gott zugeschrieben werden, im Widerspruch zur eigentlichen Idee eines gerechten und liebenden Gottes stehen.

Später wurde Diderot von La Mettrie und Holbach beeinflusst und wurde ein Verfechter des Materialismus, den er in „ Le rêve d'Alembert " darlegte und in den Passagen zum „ Système de la Nature " beitrug. Diderot war Herausgeber der „ Encyclopédie ". 60

52. Trembley. Siehe <u>Anmerkung 27</u>.

53. *„ Nichts, was passiert, hätte auch nicht passieren können. "* „Eine Darlegung der von Holbach so stark vertretenen Lehre. „Das ganze Universum ... zeigt uns nur eine riesige und ununterbrochene Kette von Ursache und Wirkung." 61 ... „Die Notwendigkeit, die alle Bewegungen der physischen Welt regelt, kontrolliert auch die der moralischen Welt." 62

54. *„ Alle diese tausendfach wiederholten Beweise eines Schöpfers sind nur für die Anti-Pyrrhonianer selbstverständlich. "* „La Mettrie vertritt eine Meinung, die nicht nur der von Descartes und Locke, sondern auch der von Toland, Hobbes und Condillac widerspricht . Descartes zum Beispiel sagt: „Ich sehe also sehr deutlich, dass die Gewissheit und Wahrheit aller Wissenschaft allein von der Kenntnis des wahren Gottes abhängt." 63 Hobbes behauptet: „Denn wer aus einer Wirkung, die er sieht, zustande kommt, sollte auf die nächste und unmittelbare Ursache davon und von dort auf die Ursache dieser Ursache schließen, ... wird schließlich zu dem kommen, dass es eine geben muss." , wie sogar die heidnischen Philosophen bekannten, ein erster Beweger, das ist eine erste und ewige Ursache aller Dinge, und das ist das, was die Menschen unter dem Namen Gott verstehen." 64 Tolands Worte lauten: „All das Durcheinander der Atome, alle Chancen, die man sich dafür vorstellen kann, könnten die Teile des Universums nicht in ihre gegenwärtige Ordnung bringen oder sie in derselben aufrechterhalten, noch die Organisation einer Blume oder eines anderen bewirken." Fliege.... Die Unendlichkeit der Materie... schließt... einen ausgedehnten körperlichen Gott aus, aber keinen reinen Geist oder ein immaterielles Wesen." 65 Condillac schreibt: „Eine erste Ursache, unabhängig, einzigartig, unendlich, ewig, allmächtig, unveränderlich, intelligent, frei und deren Vorsehung sich über alle Dinge erstreckt: Das ist die vollkommenste Vorstellung von Gott, die wir uns in diesem Leben bilden können." 66 Locke erklärt: „Aus dem Gesagten geht für mich klar hervor, dass wir ein sichereres Wissen über die Existenz eines Gottes haben als über alles, was unsere Sinne uns nicht sofort entdecken." Nein, ich nehme an, ich kann sagen, dass wir mit größerer Sicherheit wissen, dass es einen Gott gibt, als dass es irgendetwas anderes ohne uns gibt." 67

55. „Lucretius (Titus Lucretius Carus). Geboren wahrscheinlich um 96 v. Chr. in Rom, gestorben am 15. Oktober 55 v. Chr. Ein berühmter römischer philosophischer Dichter. Er war der Autor von „ De rerum natura ", einem didaktischen und philosophischen Gedicht in sechs Büchern, das die Physik, die Psychologie und (kurz) die Ethik aus epikureischer Sicht behandelt. Er beging Selbstmord, wahrscheinlich in einem Anfall von Wahnsinn. Einer populären, aber zweifellos falschen Überlieferung zufolge war sein Wahnsinn auf einen Liebesbrief zurückzuführen, den ihm seine Frau verabreicht hatte." 68

56. „Lamy (Bernard) wurde im Jahr 1640 in Mans geboren. Er studierte zunächst am College dieser Stadt. Später ging er nach Paris und studierte in Saumar Philosophie bei Charles de la Fontenelle und Theologie bei André Martin und Jean Leporc . Schließlich wurde er zum Dozenten für Philosophie in die Stadt Angers berufen. Er schrieb zahlreiche Bücher zu theologischen Themen. Seine philosophischen Werke sind: „ L'art de parler " (1675), „ Traité de méchanique , de l'équilibre, des solides et des liqueurs " (1679), „ Traité de la grandeur en général " (1680), „ Entretiens ". sur les sciences ' (1684), , Eléments de géométrie ' (1685)." 69

57. „ *Das Auge sieht nur, weil es so geformt und platziert ist, wie es ist.* " „La Mettrie bezweifelt, dass die Welt einen Sinn hat. Condillac hingegen lehrt, dass Zielstrebigkeit und Intelligenz im Universum zum Ausdruck kommen. „Können wir die Ordnung der Teile des Universums und die Unterordnung zwischen ihnen sehen und erkennen, wie so viele verschiedene Dinge ein so dauerhaftes Ganzes bilden, und weiterhin davon überzeugt sein, dass die Ursache des Universums ein Prinzip ist, ohne dass wir seine Auswirkungen kennen? die ohne Zweck, ohne Intelligenz jedes Wesen auf besondere Zwecke bezieht und einem allgemeinen Zweck unterordnet?" 70

58. „ Non nostrum inter vos tantas componere lites ." Vergil, Ekloge III, Zeile 108.

59. „ *Das Universum wird niemals glücklich sein, wenn es nicht atheistisch ist.* " „Obwohl La Mettrie dies eine „seltsame Meinung" nennt, ist klar, dass er insgeheim damit sympathisiert. Holbach bekräftigt diese Lehre sehr nachdrücklich. „Die Erfahrung lehrt uns, dass heilige Meinungen die wahre Quelle des Übels der Menschen waren. Die Unkenntnis natürlicher Ursachen schuf für sie Götter. Betrug machte diese Götter schrecklich. Diese Idee behinderte den Fortschritt der Vernunft." 71 „Ein Atheist ... ist ein Mann, der für die Menschheit schädliche Chimären zerstört, um die Menschen zur Natur, zur Erfahrung und zur Vernunft zurückzuführen, die nicht auf ideelle Kräfte zurückgreifen muss, um die Funktionsweise zu erklären Natur." 72

60. „ *Die Seele ist also nur ein leeres Wort.* " „Vergleichen Sie dies mit der Aussage von Descartes: „Und sicherlich ist die Vorstellung, die ich vom menschlichen Geist habe ... unvergleichlich deutlicher als die Vorstellung eines körperlichen Objekts." 73 Vergleichen Sie diese Lehre auch mit Holbachs Behauptung: „Diejenigen, die die Seele vom Körper unterschieden haben, scheinen nur ihr Gehirn von sich selbst unterschieden zu haben." Tatsächlich ist das Gehirn das gemeinsame Zentrum, in dem alle Nerven, die sich in allen Teilen des menschlichen Körpers ausbreiten, enden und miteinander verbunden sind ... Je mehr Erfahrung wir haben, desto mehr sind wir davon überzeugt, dass das Wort „Geist" überhaupt keine Bedeutung hat für diejenigen, die es

erfunden haben, und kann weder in der physischen noch in der moralischen Welt von Nutzen sein." 74

61. William Cowper (1666–1709) war ein englischer Anatom. Er geriet in eine Kontroverse mit dem niederländischen Arzt Bidloo , als er unter seinem eigenen Namen Bidloos Arbeiten über die Anatomie des menschlichen Körpers veröffentlichte. Seine Hauptwerke sind: „ Myotamia reformata " (London, 1694) und „ Glandularum descriptio " (1702). 75

62. William Harvey (1578–1657), ein englischer Arzt und Physiologe, ist bekannt für seine Entdeckung der Blutzirkulation. Er wurde in Canterbury und Cambridge ausgebildet und promovierte 1602 in Cambridge. Während seines Lebens bekleidete er die Position eines Lumleian-Dozenten am College of Physicians und eines außerordentlichen Arztes von James I. Seine Hauptwerke sind: „ Exercitatio de motu cordis et sanguinis " (1628) und „ Exercitationes de generatione animalium " (1651). 76

63. Francis Bacon (1551–1626) war einer der ersten, der sich gegen die Scholastik auflehnte und eine neue Methode in Wissenschaft und Philosophie einführte. Er behauptete, dass der Mensch aufhören müsse, Vorstellungen zu studieren, und sich stattdessen mit der Materie selbst befassen müsse, um die Realität zu erkennen und folglich neue Macht über die Realität zu erlangen. Allerdings wusste er selbst nicht, wie er zu einer genaueren Kenntnis der Natur gelangen könnte, so dass er die von ihm selbst vertretene Methode nicht in die Praxis umsetzen konnte. Seine Werke sind voller scholastischer Konzeptionen, obwohl viele der Implikationen seines Systems materialistisch sind. Lange behauptet (77) , dass Bacon, wenn er konsequenter und mutiger gewesen wäre, zu streng materialistischen Schlussfolgerungen gelangt wäre. Der Bericht über die Herzbewegung des toten Sträflings findet sich in „Sylva Sylvarum". 78 Dieses Buch, das 1627, ein Jahr nach Bacons Tod, veröffentlicht wurde, enthält den Bericht über Bacons Experimente und seine Theorien in Fragen der Physiologie, Physik, Chemie, Medizin und Psychologie.

64. Robert Boyle, einer der größten Naturphilosophen seiner Zeit, studierte drei Jahre in Eton und wurde dann Privatschüler des Rektors von Stalbridge. Er reiste durch Frankreich, die Schweiz und Italien und studierte während seines Aufenthalts in Florenz das Werk Galileis. Er beschloss, sein Leben der wissenschaftlichen Arbeit zu widmen und wurde 1645 Mitglied einer Gesellschaft wissenschaftlicher Männer, aus der später die Royal Society of London hervorging. Sein Hauptwerk war die Verbesserung der Luftpumpe und damit die Entdeckung der Gesetze, die den Druck und das Volumen von Gasen regeln.

Boyle interessierte sich auch sehr für Theologie. Er spendete großzügig für die Arbeit der Verbreitung des Christentums in Indien und Amerika und stiftete durch sein Testament die „Boyle-Vorlesungen", um die christliche Religion gegen Atheisten, Theisten, Heiden, Juden und Mohammedaner zu demonstrieren. 79

65. Nicolas Sténon wurde 1631 in Kopenhagen geboren und starb 1687 in Schwerin. Er studierte in Leyden und Paris und ließ sich dann in Florenz nieder, wo er Arzt des Großherzogs wurde. 1672 wurde er Professor für Anatomie in Florenz, drei Jahre später gab er diese Position jedoch auf und trat in die Kirche ein. 1677 wurde er zum Bischof von Heliopolis ernannt und ging nach Hannover, dann nach Münster und schließlich nach Schwerin. Sein Hauptwerk ist der „ Discours sur l'anatomie du cerveau " (Paris, 1669). 80

66. La Mettries Bericht über unwillkürliche Bewegungen ähnelt stark dem von Descartes. Descartes sagt: „Wenn jemand seine Hand schnell vor unsere Augen führt, als wollte er uns schlagen, schließen wir unsere Augen, weil die Maschinerie unseres Körpers so zusammengesetzt ist, dass die Bewegung dieser Hand zu unseren Augen eine andere Bewegung im Gehirn auslöst. das das die tierischen Geister in den Muskeln kontrolliert, die die Augenlider schließen." 81

67. „ Das Gehirn hat seine Muskeln zum Denken, so wie die Beine Muskeln zum Gehen haben. " „Weder Condillac noch Helvetius gehen so weit. Helvetius stellt ausdrücklich fest, dass es eine offene Frage sei, ob die Empfindung auf eine materielle oder eine geistige Substanz zurückzuführen sei. 82

68. Giovanni Alfonso Borelli (1608–1670) war das Oberhaupt der sogenannten iatromathematischen Sekte. Er versuchte, die Mathematik auf die gleiche Weise auf die Medizin anzuwenden, wie sie zuvor auf die Naturwissenschaften angewendet worden war. Er war klug genug, die Anwendung seines Systems auf die Bewegung der Muskeln zu beschränken, aber seine Anhänger versuchten, seine Anwendung auszudehnen und wurden zu vielen absurden Vermutungen verleitet. Borelli war zunächst Professor für Mathematik in Pisa und später Professor für Medizin in Florenz. Er war mit dem Aufstand von Messina verbunden und musste Florenz verlassen. Er zog sich nach Rom zurück, wo er unter dem Schutz von Christina, Königin von Schweden, stand und dort bis zu seinem Tod im Jahr 1679 blieb. 83

69. „ Für einen einzigen Befehl, den der Wille gibt, beugt er sich hundertmal dem Joch. " „Descartes hingegen lehrt, dass die Seele direkte Kontrolle über ihre freiwilligen Handlungen und Gedanken und indirekte Kontrolle über ihre Leidenschaften hat. 84 La Mettrie geht über die Einschränkung des Willens hinaus und stellt die Frage, ob er jemals frei ist: „Die Empfindungen, die uns beeinflussen, entscheiden die Seele darüber, ob sie will oder nicht will, diese Empfindungen je nach Lust liebt oder hasst." oder der Schmerz, den sie in

uns verursachen. Dieser Zustand der Seele, der so durch ihre Empfindungen bestimmt wird, wird Wille genannt." 85 Holbach beharrt auf diesem Punkt und behauptet, dass alle Freiheit eine Täuschung sei: „Die Geburt des Menschen hängt von Ursachen ab, die völlig außerhalb seiner Macht liegen; ohne seine Erlaubnis betritt er dieses System, in dem er seinen Platz hat; und ohne seine Zustimmung, dass er vom Moment seiner Geburt bis zum Tag seines Todes ständig durch Ursachen verändert wird, die entgegen seinem Willen auf seine Maschine einwirken, sein Wesen verändern und sein Verhalten ändern. Genügt nicht die geringste Überlegung, um zu beweisen, dass die festen und flüssigen Stoffe, aus denen der Körper besteht, und dass der verborgene Mechanismus, den er für unabhängig von äußeren Ursachen hält, ständig unter dem Einfluss dieser Ursachen steht und ohne sie nicht wirken könnte? Erkennt er nicht, dass sein Temperament nicht von ihm selbst abhängt, dass seine Leidenschaften die notwendigen Konsequenzen seines Temperaments sind, dass sein Wille und seine Handlungen von denselben Leidenschaften und von Ideen bestimmt werden, die er sich nicht selbst gegeben hat? . Mit einem Wort, alles sollte den Menschen davon überzeugen, dass er in jedem Moment seines Lebens nur ein passives Instrument in den Händen der Notwendigkeit ist." 86

70. Die von Galen vertretene und von Descartes ausgearbeitete Theorie der Tiergeister besagt, dass die Nerven hohle Röhren sind, die eine flüchtige Flüssigkeit, die Tiergeister, enthalten. Die Tiergeister sollten von der Peripherie zum Gehirn und wieder zurück zirkulieren und durch ihre Wirkung alle Funktionen der Nerven erfüllen.

71. Berkeley nutzt die Tatsache, dass die Farbe von Objekten variiert, als ein Argument für seine idealistische Schlussfolgerung. 87

72. Es ist schwer zu sagen, was Pythagoras selbst lehrte, aber es ist sicher, dass er die Verwandtschaft von Tieren und Menschen lehrte, und auf dieser Verwandtschaft basierte wahrscheinlich seine Regel zur Abstinenz vom Fleisch. In den Schriften der späteren Pythagoräer finden wir seltsame Ernährungsregeln, die eindeutig echte Tabus sind. Zum Beispiel wird ihnen geboten, „auf Bohnen zu verzichten, kein Brot zu brechen, nicht vom ganzen Laib zu essen, nicht das Herz zu essen usw." 88

73. Platon verbot in seiner idealen Republik den Genuss von Wein. 89

74. „ *Die erste Sorge der Natur besteht darin, wenn der Chylus ins Blut gelangt, darin eine Art Fieber hervorzurufen.* " „Daher ist Wärme das erste Bedürfnis des Körpers. Vergleichen Sie dazu die Aussage von Descartes: „In unserem Herzen herrscht eine ständige Wärme, ... dieses Feuer ist das körperliche Prinzip aller Bewegungen unserer Mitglieder." 90 Dies ist einer der vielen Fälle, in denen La Mettries Darstellung des Mechanismus des Körpers der von Descartes ähnelt.

75. „Stahl (George Ernst), geboren am 21. Oktober 1660 in Ansbach, Bayern; gestorben am 14. Mai 1734 in Berlin. Ein bekannter deutscher Chemiker, seit 1716 Arzt des Königs von Preußen. Zu seinen Werken gehören: „ Theoria medica vera " (1707), „ Experimenta et observations chemicae " (1731) usw." 91

76. Philip Hecquet (1661–1737) war ein berühmter französischer Arzt. Er studierte in Reims und wurde 1688 Arzt der Nonnen von Port Royal des Champs. Er kehrte 1693 nach Paris zurück und machte 1697 seinen Doktortitel. Er war zweimal Dekan der Pariser Fakultät. Im Jahr 1727 wurde er Arzt der religiösen Karmeliten des Vorortes Saint-Jacques und blieb zweiunddreißig Jahre lang ihr Arzt. 92

77. Das Zitat: „ *Alle Menschen dürfen nicht nach Korinth gehen* ", ist eine Übersetzung aus Horaz, Ep. 1, 19, 36. „ Non cuivis homini contigit adire Corinthum ."

78. Hermann Boerhaave wurde am 31. Dezember 1668 in Voorhout bei Leyden geboren . Sein Vater, der dem Geistlichen Beruf angehörte, bestimmte seinen Sohn für den gleichen Beruf und gab ihm daher eine liberale Ausbildung. An der Universität Leyden studierte er bei Gronovius , Ryckius und Frigland . Nach dem Tod seines Vaters war Boerhaave ohne jegliche Versorgung und verdiente seinen Lebensunterhalt durch Mathematikunterricht. Vandenberg, der Bürgermeister von Leyden, riet ihm, Medizin zu studieren, und er beschloss, sich diesem Beruf zu widmen. 1693 erhielt er seinen Abschluss und begann, als Arzt zu praktizieren. 1701 wurde er zum „Dozenten an den Instituten für Medizin" an der Universität Leyden ernannt. Dreizehn Jahre später wurde er zum Rektor der Universität ernannt und im selben Jahr dort zum Professor für Praktische Medizin ernannt. Er führte an der Universität das System des klinischen Unterrichts ein. Boerhaaves Verdienste wurden weithin anerkannt und sein Ruhm lockte viele Medizinstudenten aus ganz Europa an die Universität Leyden. Zu diesen gehörte auch La Mettrie , dessen gesamte Philosophie stark von der Lehre Boerhaaves beeinflusst war . 1728 wurde Boerhaave in die Königliche Akademie der Wissenschaften von Paris gewählt und zwei Jahre später zum Mitglied der Royal Society of London ernannt. 1731 zwang ihn sein Gesundheitszustand, das Rektoramt in Leyden niederzulegen. Zu dieser Zeit hielt er eine Rede mit dem Titel „De Honore , Medici Servitute ". Er starb nach langer Krankheit am 23. April 1738. Die Stadt Leyden errichtete ihm in der Peterskirche ein Denkmal mit der Inschrift: „ Salutifero Boerhaavii genio Sacrum ".

Boerhaave war ein sorgfältiger und brillanter Schüler, ein inspirierender Lehrer und ein geschickter Praktiker. Es gibt bemerkenswerte Berichte über seine Fähigkeit, Symptome zu entdecken und Krankheiten zu diagnostizieren. Seine Hauptwerke sind: „ Institutionen Medicae " (Leyden, 1708); „ Aphorismi de cognoscendis et curandis Morbis " (Leiden, 1709), „ Libellus de Materia Medica et Remediorum Formulis " (Leiden, 1719), „ Institutionen et Experimentae Chemicae " (Paris, 1724). 93

79. Willis. (Siehe <u>Anmerkung 21.</u>)

80. Claude Perrault (1613–1688) war ein französischer Arzt und Architekt. Er erhielt seinen Doktortitel in Medizin in Paris und praktizierte dort als Arzt. 1673 wurde er Mitglied der Royal Academy of Sciences. Obwohl er seine Arbeit in der Mathematik, den Naturwissenschaften und der Medizin nie aufgegeben hat, ist er eher als Architekt denn als Arzt oder Wissenschaftler bekannt. Er war der Architekt einer der Kolonnaden des Louvre und des Observatoriums. 94

81. *Materie ist selbstbewegt.* „„In „ L'histoire naturelle de l'âme " behauptet La Mettrie , dass Bewegung eine der wesentlichen Eigenschaften der Materie sei. Siehe „ L'histoire naturelle de l'âme ", Kap. V.

82. *„ Die Natur der Bewegung ist uns ebenso unbekannt wie die der Materie. "* „Im Gegensatz zu La Mettrie vertritt Toland die Auffassung, dass es möglich ist, die Natur der Materie zu kennen, und erklärt, dass Bewegung und Materie nicht definiert werden können, weil ihre Natur selbstverständlich sei. 95 Holbach lehrt in Anlehnung an La Mettrie , dass es vergeblich sei, die eigentliche Natur der Materie oder die Ursache für ihre Existenz herauszufinden. „ Wenn also jemand fragt, woher die Materie kam, werden wir sagen, dass sie schon immer existiert hat. Wenn jemand Wenn wir fragen , woher die Bewegung in der Materie kam, werden wir antworten, dass sich die Materie aus demselben Grund seit Ewigkeiten bewegt haben muss, da Bewegung eine notwendige Folge ihrer Existenz, ihres Wesens und ihrer primitiven Eigenschaften wie Ausdehnung, Gewicht, Undurchdringlichkeit ist. Form usw.... Die Existenz von Materie ist eine Tatsache; Die Existenz von Bewegung ist eine weitere Tatsache." 96

83. Huyghens (Christ) wurde 1629 in Den Haag geboren und starb dort 1695. Er war ein niederländischer Physiker, Mathematiker und Astronom. Er wird für die Erfindung der Pendeluhr, die die Bewegungen der Planeten messen konnte, für die Verbesserung des Teleskops und für die Entwicklung der Wellentheorie des Lichts gefeiert. Sein Hauptwerk ist „Horologium Oscillatorium " (1673). 97

84. Julien Leroy (1686–1759) war ein berühmter französischer Uhrmacher. Er zeichnete sich durch den Bau von Pendeln und Großuhren aus. Einige haben ihm den Bau der ersten horizontalen Uhr zugeschrieben, aber das ist zweifelhaft. Neben vielen anderen Erfindungen und Verbesserungen von Uhren erfand er das Ausgleichspendel, das seinen Namen trägt. 98

85. Jacques de Vaucanson (1709–1782) war ein französischer Mechaniker. Seit seiner Kindheit interessierte er sich immer für mechanische Vorrichtungen. 1738 stellte er der französischen Akademie seinen bemerkenswerten Flötenspieler vor. Bald darauf erschuf er eine Ente, die schwimmen, fressen und verdauen konnte, und eine Natter, die zischen und auf Kleopatras Brust schießen konnte. Später bekleidete er die Position eines Inspektors für die Seidenherstellung. 1748 wurde er in die Akademie der Wissenschaften aufgenommen. Seine Maschinen wurden der Königin überlassen, aber sie übergab sie der Akademie, und in den Unruhen, die darauf folgten, wurden die Teile verstreut und gingen verloren. Vaucanson veröffentlichte: „ Mécanisme d'un flûteur automate " (Paris, 1738). 99

86. „[Descartes] *verstand die tierische Natur; er war der erste, der vollständig bewies, dass Tiere reine Maschinen sind.* Vergleichen Sie dies mit La Mettries früherem Hinweis in „ L'histoire naturelle de l'âme " auf „dieses absurde System, dass Tiere reine Maschinen sind". Eine so lächerliche Meinung", fügt er hinzu, „hat sich unter Philosophen nie durchgesetzt ... Die Erfahrung beweist nicht, dass Tiere weniger empfinden als Menschen." 100 Es ist offensichtlich, dass La Mettries Widerstand gegen dieses „absurde System" auf seinem Beharren auf der Ähnlichkeit von Menschen und Tieren beruhte. In „ L'homme machine " argumentiert er unter der gleichen Prämisse , dass Tiere Maschinen sind, dass Menschen wie Tiere sind und dass daher auch Menschen Maschinen sind.

ANMERKUNGEN ZU DEN AUSZÜGEN AUS „L'HISTOIRE NATURELLE DE L'AME".

87. Laut La Mettrie ist Materie mit Ausdehnung, der Kraft der Bewegung und der Fähigkeit zur Empfindung ausgestattet. Wie La Mettrie sagt, wurde diese Auffassung nicht von Descartes vertreten, der der Meinung war, dass die wesentliche Eigenschaft der Materie die Ausdehnung sei . „Die Natur des Körpers besteht nicht in Gewicht, Härte, Farbe und dergleichen, sondern allein in seiner Ausdehnung – darin, dass er eine Substanz ist, die sich in Länge, Breite und Höhe erstreckt." 101 Hobbes' Materieauffassung ist der von La Mettrie sehr ähnlich . Er führt Bewegung ausdrücklich auf Materie zurück: „Bewegung und Größe sind die häufigsten Zufälle aller Körper." 102 Er benennt die Empfindung nicht als Eigenschaft der Materie, sondern reduziert die Empfindung auf die Bewegung. „Sinn ist eine innere Bewegung im Lebewesen." 103 Da Bewegung eine der Eigenschaften der Materie ist und Materie die einzige Realität im Universum ist, muss die Empfindung der Materie zugeschrieben werden.

88. La Mettrie besteht immer darauf, dass Materie die Kraft hat, sich selbst zu bewegen, und lehnt jeden Versuch ab zu zeigen, dass die Bewegung auf einen externen Agenten zurückzuführen ist. In dieser Meinung stimmt er mit Toland überein. Toland sagt, dass diejenigen, die Materie als träge betrachteten, einen wirksamen Grund für die Bewegung finden mussten; und um dies zu erreichen, haben sie angenommen, dass die gesamte Natur belebt sei. Diese vorgetäuschte Animation ist jedoch völlig nutzlos, da die Materie selbst mit Bewegung ausgestattet ist.

89. „ *Dieses absurde System ... dass Tiere reine Maschinen sind.* "" (Siehe Anmerkung 86.)

9 789359 255149